DAVID CAMPOMAGGIORE

CONDOMINIO BENESSERE

Guida Rapida ed Efficace Per Spazzare Via i Problemi Condominiali e Vivere Finalmente Nel Condominio Che Hai Sempre Sognato

Titolo

"CONDOMINIO BENESSERE"

Autore

David Campomaggiore

Editore

Bruno Editore

Sito internet

http://www.brunoeditore.it

Sommario

Introduzione

Se stai leggendo questo libro, probabilmente vivi in condominio e sei una di quelle povere anime costrette a dover gestire spazi comuni, millesimi, spese inaspettate, discussioni su animali domestici, rumori molesti, puzza di fritto per le scale e molto molto altro.

La vita in condominio può essere piacevole, come può diventare un vero inferno sulla Terra. Alcune volte non dipende da noi, ci ritroviamo nel turbine di alcune dinamiche e ne siamo travolti, diventandone, spesso, parte attiva. Altre volte invece potremmo davvero fare in modo di cambiare la vita condominiale, basterebbe poco ma, nella maggior parte dei casi, non sappiamo come fare all'atto pratico.

In sostanza, con questo libro voglio aiutarti a capire come vivere meglio nel tuo condominio e portare un'atmosfera serena con i tuoi vicini.

La tua casa è il luogo in cui tornare la sera, dopo una lunga giornata di lavoro. Casa è dove rifugiarsi quando non si ha voglia di uscire. È il posto in cui amiamo sentirci al sicuro, protetti. Possiamo essere noi stessi, vivere senza filtri, essere veri. È il simbolo della famiglia, un insieme di ricordi che porteremo per sempre con noi.

È a casa che siamo liberi di essere in pace con la nostra anima oppure di affrontare i nostri demoni. L'ambiente protetto in cui far crescere i propri figli, tenerli al sicuro dai pericoli esterni. La casa è il nostro luogo più caro al mondo ed è importante vivere in un ambiente sano, sereno, pulito e accogliente.

Il condominio in cui si trova la tua casa è parte stessa della casa. È davvero importante avere un'atmosfera rilassata in condominio, un buon rapporto con i vicini, un amministratore che lavora per portare benessere, innovazione, risparmio sulle spese comuni e una pronta risoluzione di ogni problema.

Leggendo questo libro, vedremo quali sono i motivi più frequenti che portano aspre discussioni tra i condòmini. Capiremo come disinnescare queste discussioni e come risolverle definitivamente.

Perché un condominio dove si litiga in continuazione è davvero stressante.

Quanto è brutto avere quel pizzico di ansia quando dobbiamo uscire o rientrare a casa perché non vogliamo incontrare un condomino con cui ci mandiamo spesso a quel paese? Non è così che dovrebbe essere la nostra quotidianità. Ammetto che costruire un ambiente piacevole richiede impegno da parte di tutti, anche da parte tua, ma ti assicuro che ne vale la pena.

Vedremo, inoltre, come può esserti di aiuto l'amministratore di condominio in questo processo di costruzione del benessere condominiale. Quanti tipi di amministratore esistono? Perché, mediamente, tutti i condòmini sono insoddisfatti dell'operato del proprio amministratore? Qual è l'amministratore ideale a cui aspirare?

Successivamente, ti mostrerò come dovrebbe essere il condominio dei sogni e che tipo di innovazioni è possibile portare. Farai un viaggio immaginario in un condominio ideale in cui i condòmini sono diventati amici, i conti sono sempre perfettamente in regola, l'amministratore è parte attiva di tutto questo e ha permesso a tutti di sfruttare importanti sgravi fiscali che nessun altro amministratore prima era mai riuscito a garantire.

Questo condominio ideale è un luogo sicuro, pulito, efficiente, che rende una vera gioia per tutti tornare a casa la sera, un luogo anche di condivisione con i propri vicini di casa.

Nell'ultima parte del libro ti spiegherò per filo e per segno ogni passo da fare affinché anche il tuo condominio diventi come quello dei sogni che ti ho descritto prima. Non è fantascienza, né tantomeno utopia.

Se finora non è stato possibile, sicuramente non è colpa tua. Nessuno fino a oggi ti ha mai spiegato cosa puoi fare per costruire benessere nel condominio. Tutti i libri in commercio sono rivolti agli amministratori di condominio, mai a chi nel condominio ci vive.

L'unico modo per avere un condominio che rispecchi il nostro ideale di perfezione è capire cosa va fatto, cosa chiedere all'amministratore e avere i mezzi per capire se stia effettivamente facendo un buon lavoro.

In realtà potresti anche non fare nulla, potresti chiudere questo libro qui e tornare alla tua vita di prima. Ma una cosa è certa: non cambierà assolutamente nulla.

Il tuo condominio sarà ancora come lo conosci, il tuo amministratore lavorerà ancora nello stesso modo, perderai di nuovo molte occasioni di avere un risparmio fiscale nelle rate condominiali e non avrai quelle innovazioni tecnologiche che oggi possono migliorare la vita di ogni condomino.

Non avrai nulla di tutto ciò, se non la certezza che domani mattina dovrai nuovamente affrontare le tensioni con i tuoi vicini, cercare di capire come mai mancano sempre i soldi in cassa, dovrai sollecitare il tuo amministratore a darti delle risposte a cui lui cercherà di non rispondere. Insomma, l'inferno condominiale che già conosci bene sarà ancora una realtà, e lo sarà per molto tempo.

Se invece decidi di andare avanti, ti garantisco che non solo migliorerà il tuo condominio ma anche la tua qualità di vita quando sei a casa. Meno stress, meno tensioni, meno problemi. Risate con i tuoi vicini di casa, comode soluzioni tecnologiche per segnalare guasti e per richiedere servizi. Costi più bassi, spese sempre sotto controllo. Potrai dire di vivere davvero in un bel condominio in cui stare bene.

Prima di andare avanti, però, è bene che mi presenti. Mi chiamo David Campomaggiore, sono un imprenditore ma, prima di questo, sono un condomino, esattamente come te. Ho lavorato a stretto contatto con centinaia di amministratori di condominio facendo loro formazione e consulenza per migliorare il loro modo di lavorare.

In questi anni ho avuto modo di vedere dall'interno moltissimi studi di amministrazione condominiale e ho capito che hanno tutti una cosa in comune: per come è pensato il lavoro dell'amministratore di condominio, nessuno può garantire al 100% un'efficienza totale sotto ogni aspetto.

Per quanto ci siano amministratori che si impegnano davvero nel loro lavoro, anche nel migliore dei casi, hanno dei limiti strutturali che non permettono loro di soddisfare a pieno i condòmini.

Ti starai chiedendo perché sto parlando di condomìni se non faccio l'amministratore. Il motivo è semplice: voglio darti un punto di vista nuovo, quello del condomino che vive ogni giorno il condominio, ma con un approccio imprenditoriale orientato a risolvere i problemi.

Ho vissuto davvero in ogni tipo di condominio. Sono cresciuto con mia madre che faceva tre lavori per pagare l'affitto e mettermi un piatto di pasta a tavola ogni giorno. A quei tempi ero piccolo, non lo capivo, ma c'erano sere in cui mi diceva che non aveva fame e che le bastava una tazza di latte. Lo faceva perché i soldi erano pochi e preferiva che io mangiassi una fettina di carne. È una cosa che avrebbe fatto ogni madre, probabilmente.

Sono andato a vivere da solo a vent'anni, cambiando nuovamente casa. Mi guadagnavo da vivere vendendo caffè porta a porta e facendo il cameriere la sera. Qualche anno dopo, sono entrato in Alitalia, avevo il mio posto fisso in ufficio. Anche in questa fase ho di nuovo cambiato casa e, quindi, condominio. La mia vita era una continua rincorsa a pagare tutte le spese e, a ogni piccolo passo in avanti che riuscivo a fare nella vita, mi trasferivo per vivere in una casa migliore.

Sentivo che il posto fisso mi stava stretto e, a 27 anni, contro ogni logica tradizionale, ho deciso di fare un salto coraggioso: licenziarmi e intraprendere l'ignota strada dell'imprenditoria, seguendo un forte impulso che sentivo dentro.

Avevo bisogno di creare qualcosa di mio. Avevo capito che per migliorare ancora la mia vita avrei dovuto prima risolvere un problema nella vita degli altri.

Ma questo libro non parla di me, pertanto non entrerò nel dettaglio della mia vita. Ciò che voglio dire è che ogni cambiamento di casa vissuto negli ultimi 20 anni mi ha portato a vivere in un nuovo condominio, con nuovi vicini, nuove regole da rispettare, nuovi problemi da affrontare.

Per tanto tempo mi sono chiesto come fosse possibile che in ogni condominio si ripetesse sempre la stessa dinamica. Soldi in cassa che mancano, utenze staccate al condominio senza preavviso, ditte esterne che lavorano poco e male lasciando le scale sporche, l'amministratore che non si assume mai la responsabilità dell'accaduto e dà sempre la colpa a chi non paga regolarmente le rate condominiali, spese sempre più alte senza capirne realmente il motivo.

Eppure, nonostante mille difficoltà, due lavori, un affitto e, successivamente, il mutuo da pagare, ho sempre pagato le mie rate in tempo. Questi problemi si riversavano ovviamente sull'umore e sul rapporto tra vicini, creando a volte delle situazioni molto spiacevoli.

Come ho già anticipato, negli ultimi anni ho lavorato a stretto contatto con gli amministratori di condominio tramite due aziende che ho fondato. La prima è una posta privata specializzata per gli amministratori di condominio, poi venduta a un grande operatore di mercato in Italia. La seconda invece si occupa di formazione e consulenza su marketing e management specifico per amministratori. Parafrasando la citazione del replicante del film

Blade Runner: «Ho visto amministratori che voi umani non potreste immaginarvi».

Questo libro raccoglie i problemi e le soluzioni che ho visto in centinaia di casi e che io stesso ho dovuto affrontare in passato, come condomino, senza apparente via d'uscita. Arrivato in fondo a questo libro, scoprirai che in realtà una soluzione esiste, semplicemente nessuno aveva avuto la lungimiranza di renderla accessibile a tutti.

Un'anticipazione importante: non parlerò di norme, leggi, riferimenti tecnici o procedure burocratiche. È già pieno di libri di questo tipo, nessuno sentiva l'esigenza di leggerne un altro.

Capitolo 1:
Litigi in condominio: come affrontarli

Sebbene si trovino solo libri tecnici sui condomìni con regole, leggi e sentenze, esistono alcuni romanzi ben scritti e molto divertenti che raccontano la vita di condominio con i suoi personaggi così caratterizzanti e particolari.

Il condominio, se ci pensi, è un luogo in cui persone diverse sono costrette a condividere spazi e regole. Persone che non si conoscevano, con passati unici, abitudini diverse, caratteri variegati. Basta pensare a quanto spesso sia difficile trovare un accordo tra due persone per capire che metterne d'accordo 10, 20 o 100 è un'impresa titanica.

Se dovessi approfondire tutti i motivi che possono scatenare un litigio in condominio, non basterebbe un tomo di mille pagine. Pensa che ogni anno, in Italia, oltre il 50% delle procedure civili nelle aule di giustizia riguarda il condominio. Come confermano già da tempo le statistiche del Ministero della Giustizia, in media, ogni anno circa due milioni di italiani fanno causa per questioni condominiali per le ragioni più disparate e spesso futili.

Prenderemo quindi in considerazione solo i litigi che sono statisticamente più frequenti, offrendoti delle possibili soluzioni che possono migliorare la tua vita qualora ti ritrovassi proprio in uno di questi casi.

Il rumore prima della tempesta: effetti disastrosi di un condominio rumoroso

Ti sarà capitato di svegliarti alle 6:00 di mattina perché la donna al piano di sopra si sta preparando per andare a lavoro e corre su e giù per la casa con i tacchi. Sembra in evidente ritardo, il ticchettio è rapido, veloce e pesante.

Tutti nella vita ci siamo ritrovati a essere in ritardo e quindi, in un certo senso, puoi capirla. Però ora sei a letto. Hai gli occhi spalancati. Sai che tra poco suonerà la tua di sveglia, per andare a lavoro. Volevi dormire ancora un po', ma ormai sei sveglio.

Ti chiedi per quale motivo debba correre in casa con i tacchi. Non lo sa che sono le 6:00? Non lo sa che al piano di sotto ci sei tu che dormi? E poi, alla fine di tutto, a te che importa che lei stia facendo tardi. Tu volevi solo dormire. La donna del piano di sopra, tra l'altro, è una ritardataria cronica e questo trambusto va in scena quasi ogni mattina.

I rumori molesti dei vicini sono una delle cause principali di discussione all'interno dei condomìni. Discussioni spesso molto accese che portano a creare un'atmosfera tesa ogni volta che ci si incontra per le scale o nell'androne.

E se invece fossimo noi la causa di rumori? Certo, perché spesso si è concentrati su ciò che fanno gli altri senza pensare che, a volte, la causa delle discussioni è proprio il nostro stile di vita che disturba gli altri. Anche in questo caso, voglio dirti che spesso non è colpa tua. È frequente vivere in condomìni costruiti con scarsissimo isolamento acustico e qualunque tipo di rumore si faccia in casa arriva amplificato per dieci all'inquilino dell'appartamento a fianco o del piano di sotto.

Ci sono stabili in cui i muri sembrano fatti di carta e passa ogni minimo rumore. La voce del vicino, la telenovela che guarda in Tv, una forchetta che cade che sembra l'esplosione di una bomba, a volte si riesce a sentire anche il click dell'interruttore della luce.

Quando si vive in queste case, è come essere in una polveriera perché, com'è facile immaginare, il grado di sopportabilità e di pazienza delle persone spesso è davvero al limite.

Se hai dei bambini in casa, poi, è davvero la fine del mondo. Nessun regolamento di condominio o legge può impedire a un bambino di giocare ma, se l'isolamento acustico è scarso, ogni volta che cade una macchinina partono male parole da quelli del piano di sotto.

Pensa che il 54% dei motivi di discussione in condominio è dovuto proprio al rumore provocato dai bambini che giocano. È impossibile e anche ingiusto dire ai bambini di non giocare perché se no fanno rumore. Allo stesso tempo, sta al buon senso capire quando il gioco è sopra le righe.

Come capire qual è la sottile linea tra gioco e maleducazione?

Probabilmente è impossibile stabilirlo in modo oggettivo. Sono troppe le variabili in ballo: livello di pazienza dei vicini, grado di insonorizzazione degli edifici, orario, frequenza dei giochi. Se dei bambini per una festa di compleanno fanno casino e disturbano i vicini, è chiaro che si deve solo portare pazienza, perché si parla di un'eccezione. Diverso è se un bambino gioca tutti i giorni a essere il batterista di un gruppo rock.

Una cosa è certa, non è piacevole essere fermati per le scale da un vicino inferocito che ti insulta e, a volte, nei casi peggiori, ti minaccia. Ci sono frequenti casi di famiglie costrette a cambiare casa, affrontando un trasloco e un enorme cambiamento di vita, pur di uscire fuori da questi litigi divenuti insopportabili. A volte esagera chi fa rumore, altre volte chi invece non sopporta alcun tipo di suono.

Come nella maggior parte delle discussioni, spesso il problema si potrebbe risolvere semplicemente con una migliore comunicazione. Ma ora voglio raccontarti una storia capitata sulla mia pelle e che ricordo come se fosse oggi.

Da ragazzo, d'estate, andavo a fare il cameriere. Il sabato sera spesso tornavo a casa tardi, stremato, crollavo sul letto e poi, la domenica mattina venivo puntualmente svegliato dai vicini che mettevano la musica a tutto volume e aprivano le finestre. Io mi svegliavo e non riuscivo più a dormire per quanto la musica era forte.

È stato in quel momento che mi sono scontrato per la prima volta con il problema dei rumori in condominio. In quel caso ha funzionato andare dai vicini e spiegare loro la situazione in modo civile, senza aggressività e senza attaccarli. Non è stato facile tornare alla calma, perché era già la terza settimana che si ripeteva la stessa storia ed ero veramente stanco, stressato e arrabbiato.

Ma facevo il cameriere e avevo imparato a parlare con le persone, anche quelle che non erano proprio simpatiche o particolarmente gentili. Avevo anche imparato che il sorriso apre molte porte e che i modi calmi e pacati spianano la strada verso la comunicazione efficace.

La sfida sta proprio nel fatto di riuscire a mantenere il sorriso e l'atteggiamento positivo e disponibile anche se la persona dall'altra parte inizia a innervosirsi. Se anche tu cadi nel vortice del nervosismo, alla fine si finisce per litigare.

Lo sapevo già, mi era successo tante volte in passato, ma il bello è che funziona anche al contrario. Se il tuo interlocutore si agita e mostra segni di arrabbiatura e tu, al contrario, continui a sorridere e a parlare in modo calmo e positivo, dopo un po' avviene la magia e il tuo interlocutore accetta il tuo modo di comunicare pacato e collaborativo.

Insomma, decido di andare a parlare con la coppia dei vicini melomani domenicali. Suono alla loro porta e apre la moglie. Io le chiedo, con un bel sorriso sulle labbra, come sta e le faccio i complimenti per la scelta della playlist musicale. Mi risponde che il merito è del marito che, nel frattempo, si avvicina. Rinnovo i miei complimenti direttamente al marito e inizia una piacevole conversazione sulla musica.

Dopo aver conversato per dieci minuti abbondanti di musica, sposto gradualmente il discorso sul lavoro. E, a quel punto, loro mi chiedono: «E tu cosa fai d'estate? Starai tutto il giorno in spiaggia». Al che dico alla coppia che in realtà sto andando a fare il cameriere la sera e li invito a passare nel ristorante dove lavoro. E così parliamo altri dieci minuti del ristorante e, in modo quasi spontaneo, dico che è bello fare il cameriere, l'unico problema è che la notte torno non prima delle 2:00 e, di conseguenza, la mattina dormo fino alle 9:00-10:00.

Al che vedo che l'espressione sui visi della coppia cambia e iniziano a esprimermi il loro dispiacere per la musica dicendo che, da quel momento in poi, non la accenderanno più prima delle 10:00. Io li ringrazio e dico che lo apprezzo molto, anche se capisco che, di diritto, a quell'ora potrebbero tranquillamente ascoltare la musica alta.

E così succede una situazione incredibile: loro si mettono a convincere me che non va bene mettere la musica alta perché io sono un ragazzo lavoratore e volenteroso e per questo merito di potermi riposare dopo la serata di duro lavoro. Poi abbiamo ripreso a parlare della musica e ci siamo salutati in rapporti migliori di prima. Anche perché, fortunatamente, avevano almeno ottimi gusti musicali. Da quel giorno in poi non ho più avuto il problema della musica alta che mi svegliava la mattina in condominio.

Sarà che erano persone tutto sommato equilibrate ed educate, sarà che non avevamo problemi pregressi, ma sta di fatto che l'approccio di arrivare all'argomento attraverso un rapporto preventivo e in modo graduale, quasi spontaneo, ha funzionato.

Non sono sicuro che un approccio più istintivo, più diretto e aggressivo avrebbe prodotto lo stesso risultato e, soprattutto, che avrebbe risolto il problema. Purtroppo alle persone piace prendere le decisioni da sole e non amano sentirsi imporre cosa possono e cosa non possono fare, soprattutto in casa propria, anche se a dirlo è la legge o il regolamento di condominio.

Con il mio approccio avevo messo i vicini in condizione di decidere loro stessi senza che fossi io a chiedere loro di non ascoltare la musica prima delle 10:00 il sabato e la domenica mattina. Successivamente ho usato lo stesso approccio per risolvere tante altre questioni e, nella maggior parte dei casi, ha funzionato.

In definitiva, quindi, qual è la soluzione? Innanzitutto, quando si decide di vivere in condominio si deve essere coscienti che si andrà a condividere uno spazio con altre persone perciò si deve essere tolleranti verso gli altri e, allo stesso tempo, rispettosi.

Se provi il forte desiderio di vedere la Tv con il dolby surround a tutto volume tutte le notti perché non prendi sonno facilmente, dovresti capire che c'è chi invece vuole dormire, quindi la soluzione potrebbe essere quella di usare delle cuffie.

Se attraverso un buon dialogo non si risolvono i problemi con i vicini, si deve agire per tutelare la propria qualità di vita. Da recenti studi è emerso che gran parte delle discussioni sul rumore avvengono quando viene disturbato il sonno dei vicini. Quindi la stanza più importante da salvaguardare è proprio la camera da letto.

Se l'edificio è vecchio e passa ogni genere di rumore, spesso è sufficiente fare una buona insonorizzazione acustica della camera da letto propria o di chi subisce i rumori e, magicamente, spariranno anche tutte le tensioni.

Dormire poco, infatti, accentua i livelli di stress, aumenta il cortisolo nel corpo, si diventa meno tolleranti e, a quel punto, si arriva ad amplificare ogni piccolo disturbo. Al contrario, avere una buona qualità del sonno ci predispone tutti a vivere più serenamente e a essere magicamente anche più pazienti.

Can che abbia, disturba il vicino

Il cane è il miglior amico dell'uomo ma, quando abbaia tanto, diventa il peggior nemico del vicino. Partiamo da una certezza: nessun regolamento di condominio può vietare di avere un animale in casa, purché non sia già stato inserito questo limite all'unanimità.

Se vivi in un condominio, devi accettare che altri possano avere animali in casa, così come i tuoi vicini devono accettare il tuo cane o il tuo gatto, qualora ne avessi uno. I problemi nascono quando gli animali recano disturbo agli altri. Il Codice Civile non ci viene in aiuto in questo senso, lasciando la patata bollente di sbrigare i litigi ai giudici.

Il giudice, infatti, in modo empirico, valuta caso per caso e stabilisce, secondo una sua personale valutazione, se e come intervenire. Il problema alla base di certe discussioni provocate dall'abbaiare dei cani sta, come spesso capita, nella mancanza di comunicazione.

Se il cane del tuo vicino rompe l'anima abbaiando a tutte le ore, dovresti prima di tutto cercare di capirne il motivo. Rimane troppe ore solo? Ha fame? Ha sete? È in uno spazio troppo piccolo? Come prima cosa, quindi, ti consiglio di parlare con il tuo vicino, fargli presente il problema e invitarlo a trovare una soluzione.

Qualora non si risolvesse nemmeno così, allora non ti rimane che segnalarlo ai Carabinieri, i quali faranno un'indagine per capire se ci troviamo di fronte un caso di maltrattamento di animali.

È anche vero che esistono razze di cani molto più predisposte ad abbaiare rispetto ad altre. È possibile che il vicino di casa vivesse in campagna con il suo cane pastore e che successivamente si sia dovuto trasferire in città con il suo cane. Ci sono cani, ad esempio, con una sensibilità più alta ai rumori, quindi qualunque cosa sentano li porta ad abbaiare.

Come si è capito, insomma, è un bel casino, poco regolamentato e difficile da risolvere in modo netto.

I cani sono al centro dell'attenzione anche riguardo alla sporcizia delle parti comuni. È mattino, esci di casa sereno pensando a tutte le cose che dovrai fare quel giorno e... splat, il piede finisce su un "ricordino" lasciato nel cortile dal cane del tuo vicino. Sono cose che farebbero imbufalire anche la versione più pacifica di Gandhi. È chiaro che la colpa in questo caso non è assolutamente del cane ma del padrone che non ha raccolto gli escrementi.

Prima di arrivare a parole grosse, la cosa migliore da fare è comunicare con il proprio vicino in modo calmo e pacato e invitarlo a cercare insieme una soluzione. Ci sarà ovviamente tempo e modo per arrivare in tribunale, ma l'invito è di trovare sempre una soluzione pacifica, per il bene mentale ed economico di tutti. Ingrassare le tasche degli avvocati è una strada che dobbiamo cercare di rimandare fin quando non diventa l'unica percorribile.

Fritto misto: molestato dalla puzza

La puzza di fritto è arrivata in tribunale! No, aspetta, non è come credi. Tra i mille odori che puoi sentire in tribunale non c'è ancora quello di fritto. Ciò di cui di parlo è che, per la prima volta, il tribunale ha condannato una coppia per molestie olfattive. Il continuo emanare di puzza di fritto e cucina all'interno del condominio disturbava i vicini e per questo, la Corte di Cassazione ha dichiarato colpevoli i "particolari" cuochi dell'appartamento incriminato.

Immagina di entrare nel tuo condominio curato e ordinato e, come apri il portone... Bam! Una puzza di cucina molto forte e speziata ti entra nel naso, ti si attacca ai vestiti e ai capelli. Hai quasi paura ad aprire la porta di casa perché sai che, ogni volta che lo fai, quella puzza si insinuerà anche nel tuo appartamento.

Quanta pazienza serve a volte per vivere in condominio... Come puoi impedire a qualcuno di cucinare? Allo stesso tempo, però, non ti piace puzzare di kebab ogni volta che passi per le scale del condominio.

Abbiamo appena visto che, quando il problema diventa davvero grave, si può portare il caso anche in tribunale. Prima di arrivare a tanto, il consiglio è sempre lo stesso: prova a parlare con il Cannavacciuolo orientale che forse esagera un po' troppo con il curry. Fagli assaggiare un piatto di pasta nostrano, magari si converte alla cucina mediterranea e risolviamo immediatamente il problema.

«Piove, governo ladro»

Milioni di italiani hanno dovuto bisticciare almeno una volta nella loro vita con l'inquilino del piano di sopra che stende i panni gocciolanti e ti fa piovere in testa anche quando fuori c'è il sole. I danni peggiori avvengono quando, magari, gocciola candeggina.

Si litiga anche per il decoro del condominio, perché non è piacevole vedere una sfilza di panni stesi all'esterno dei balconi in quella che sembra una favela nostrana.

In questi casi deve intervenire il regolamento di condominio, lo strumento più idoneo che abbiamo a disposizione per stabilire cosa si può fare e cosa no e grazie al quale usciamo dal campo della libera scelta su come comportarsi.

Il problema nasce alla base quando il regolamento di condominio non è redatto con cura e, anziché stabilire tutti insieme delle regole comuni, si cerca di farsi giustizia da soli, neanche fossimo un eroe della Marvel che vuole combattere il male.

Sebbene ti donino molto il mantello e la maschera da supereroe, non vale la pena sobbarcarsi tutto questo stress dovuto alle discussioni con gli altri. Inoltre, in quel condominio ci devi vivere tu, pertanto inimicarsi tutto il vicinato non è una scelta strategica ottimale.

Se parli invece con un regolamento di condominio alla mano, riportato con educazione, ti togli dal ruolo di giustiziere e fai percepire che cerchi semplicemente di spronare la collettività del condominio a comportarsi seguendo le regole che tutti insieme avete scelto e approvato.

Anche se il tuo vicino è arrivato dopo la stesura del regolamento di condominio, nel momento in cui ha accettato di venire a vivere lì ha implicitamente accettato le regole stabilite dal condominio e si è impegnato a rispettarle.

Se proprio ti trovi davanti al ribelle che non ha alcun rispetto per gli altri e per le regole, allora è bene che intervenga il tuo amministratore di condominio. Se però il regolamento di condominio è vago o quasi inesistente, diventa tutto più difficile.

Show me the money

Parli di soldi, cominciano i guai. Probabilmente in quasi tutti i condomìni d'Italia c'è qualcuno che paga in ritardo le quote condominiali, mettendo in difficoltà tutto il condominio per coprire le spese.

Generalmente si chiude un occhio quando è palese che il condomino in ritardo vive un momento difficile, magari ha perso il lavoro, o ha avuto degli imprevisti che lo hanno messo in seria difficoltà. In questi casi serve pazienza e anche comprensione, può capitare a tutti ed è chiaro che non c'è stata malafede.

La situazione cambia radicalmente quando gli inadempienti mostrano di fare una vita agiata fatta di belle auto, tutte le sere a cena fuori e un vestiario sempre alla moda. In questi casi appare scontato che non si è più portati ad avere pazienza e sapere che tu paghi regolarmente mentre loro se ne fregano, ti fa giustamente imbufalire.

Torni a casa la sera dopo il lavoro, vorresti farti una bella doccia e scopri che l'acqua in condominio è stata chiusa perché, ancora una volta, non sono state pagate le utenze condominiali in tempo. Approfondisci la questione e scopri che l'amministratore, sicuramente poco attento alla questione, non ha potuto saldare i conti perché mancano i soldi in cassa.

Ti capirei se ti venisse voglia di prendere l'accetta e girare tra le scale in piena modalità *Shining* urlando: «Weeendy!» Non lo fare, la situazione si può risolvere in altro modo anticipando il problema. È infatti dovere dell'amministratore riscuotere le rate condominiali e fare tutto ciò che è in suo potere, secondo un iter ben preciso, per recuperare le mancanze di cassa da chi non ha pagato.

Capita spesso che l'amministratore, poco professionale e sicuramente poco organizzato, eviti in tutti i modi di procedere con dei decreti ingiuntivi nei confronti degli inadempienti per paura di farli arrabbiare e arrivare così a perdere il condominio. Ciò che questi amministratori non capiscono è che, così facendo, peggiorano solo la situazione rendendo la vita in condominio davvero difficile.

È infatti compito dell'amministratore tutelare i condòmini che pagano regolarmente utilizzando tutti gli strumenti che la legge gli mette a disposizione. Se non agisce nei confronti di chi non paga, si ritrova nella condizione di non avere soldi sufficienti per pagare i fornitori i quali, di punto in bianco, potrebbero sospendere i servizi.

Se ti ritrovi in una situazione simile, non devi assolutamente prendere di petto il condomino che non paga, devi invece costringere l'amministratore a fare il suo lavoro. È un'assurdità dover costringere qualcuno a lavorare ma, fin tanto che non sarete d'accordo voi condòmini nell'affidare il vostro condominio a qualcun altro, fai pressione sul tuo amministratore per farlo rigare dritto.

Come detto prima, potrei andare avanti così a elencare tutti i possibili scenari per cui si litiga in condominio, ma non è questo lo scopo del libro. Ti ho elencato quelli più frequenti e in cui forse ti sei ritrovato almeno una volta.

La questione principale non è come risolvere ogni singolo problema – che sono davvero infiniti in ogni loro sfaccettatura – ma creare un ambiente in cui questi problemi non nascono perché previsti all'origine da un regolamento di condominio scritto a regola d'arte e perché il condominio viene gestito da un amministratore che sa fare il suo lavoro.

È infatti compito dell'amministratore operare al fine di rendere reale un ambiente in condominio che sia piacevole, anticipando problemi e discussioni grazie alla sua esperienza. Sicuramente una buona fetta di lavoro devono farla anche i condòmini, perché il benessere in condominio si costruisce tutti insieme.

Rivediamo quindi i 5 segreti principali per evitare o risolvere discussioni in condominio.

RIEPILOGO DEL CAPITOLO 1:

- SEGRETO n. 1: se vivi in un condominio con uno scarso isolamento acustico, valuta davvero di investire qualche soldo per isolare in modo professionale la tua camera da letto; se migliori la qualità del sonno, anche la qualità della tua vita sarà migliore e vedrai che i rumori sentiti di giorno ti sembreranno meno invadenti.

- SEGRETO n. 2: se i cani del tuo vicino abbaiano in continuazione, parla con lui e cerca di capirne il motivo; se pensi che esistano delle condizioni di abbandono o di malnutrizione, avvisa le autorità competenti che faranno una verifica.

- SEGRETO n. 3: per quanto è possibile, cerca di portare pazienza se ci sono condòmini che fanno una cucina molto speziata che invade gli spazi comuni; parla con loro se la puzza è davvero forte e, se la situazione persiste e diventa insostenibile, ora è anche possibile procedere per vie legali.

- SEGRETO n. 4: quando l'inquilino del piano di sopra fa sgocciolare sulla tua proprietà i panni stesi, chiedigli gentilmente di organizzarsi con uno stendino da terra da mettere in balcone; chiedi inoltre all'assemblea che questa regola venga riportata nel regolamento condominiale.

- SEGRETO n. 5: chiedi al tuo amministratore in modo risoluto di intervenire con tutti i mezzi previsti dalla legge per recuperare i soldi delle rate condominiali; è fondamentale avere soldi in cassa per coprire tutte le spese del condominio ed è tuo diritto pretendere il recupero puntuale di questi soldi dai condòmini "furbetti".

Capitolo 2:
Chi è l'amministratore di condominio

Ho vissuto gli amministratori di condominio da due punti di vista. Prima come condomino, esattamente come te, e poi come formatore e consulente.

Partiamo dall'inizio, che poi forse è anche la fine: 4 italiani su 10 sono profondamente insoddisfatti dell'operato del loro amministratore.

Se tutti gli amministratori d'Italia fossero un'unica azienda, e i dati di customer satisfaction (nome figo per dire "soddisfazione dei clienti") dicessero che il 40% dei clienti è insoddisfatto, questo sarebbe un dato disastroso. La testa dell'amministratore delegato salterebbe immediatamente, le azioni dell'azienda crollerebbero, i dipendenti cadrebbero nello sconforto. Sarebbe, in sostanza, una vera apocalisse aziendale.

Nella realtà, invece, gli amministratori sono tutte realtà indipendenti, pertanto nessuno si preoccupa di questo dato. Ma chi è il tuo amministratore? Quanti sono gli amministratori in Italia?

Essendo una categoria molto disomogenea, e non esistendo un albo che li racchiuda tutti, è un po' difficile avere numeri ufficiali. Ah già, esistono albi per ogni genere di professione ma non per gli amministratori di condominio, che gestiscono moltissimi soldi di altre persone. Questa è una delle incongruenze bislacche tutte italiane.

Ma torniamo a noi. Le più recenti statistiche, che oggi hanno almeno circa 10 anni, dicono che in Italia ci sono circa 300 mila amministratori ma che solo 40 mila fanno questo lavoro in modo professionale. 260 mila, infatti, sono quelli che amministrano il condominio in cui vivono, facendo ciò che possono con le capacità che hanno. Dei 40 mila professionisti, è interessante notare che, in realtà, solo 20 mila hanno un numero sufficiente di condomìni per fare questo lavoro come unica professione da cui ricavare reddito per vivere.

Siamo onesti, un tempo l'amministratore di condominio era semplicemente uno un po' più bravo degli altri con i numeri, in grado di tenere i conti delle spese del condominio che divideva tra tutti i condòmini. Raccoglieva i soldi, pagava le utenze, qualche fattura, e fine della storia.

Questo è il motivo principale per cui la figura dell'amministratore non gode di un'ottima fama. Nella maggior parte dei casi, infatti, quando non sai che lavoro fare, ti reinventi amministratore facendo un breve corso di abilitazione e puoi andare a gestire qualche condominio per arrivare a fine mese.

Sebbene la soglia di ingresso alla professione sia davvero bassa, nel tempo le cose per l'amministratore sono cambiate, e anche molto. Sono cambiati gli adempimenti che deve svolgere, sono cambiate le norme e leggi a cui deve sottostare, sono cambiate anche le esigenze dei condòmini. Non ci si accontenta più di "uno che fa i conti" ma, nella maggior parte dei casi, si vuole un professionista che conosca le leggi e sia preparato nella redazione di un bilancio quasi quanto un commercialista.

Sono cambiate, giustamente, le pretese e i doveri, ma non è cambiata la percezione della sua figura. Quante volte i politici si insultano a vicenda dicendo: «Stai zitto tu che non saresti neanche in grado di gestire un condominio»?

Eppure oggi gli amministratori devono studiare molto, applicarsi, essere sempre pronti a dare la risposta corretta ai condòmini più attenti. Il problema è che non è così per tutti. Infatti la legge ti permette di amministrare il condominio in cui vivi senza nemmeno dover fare il corso di formazione iniziale. Se vieni nominato dall'assemblea, puoi tranquillamente gestire il tuo condominio.

E la logica ti fa pensare che, se lo puoi fare tu, senza grossa preparazione, probabilmente "non ci vuole poi così tanto a farlo". Questo è uno dei paradossi del sistema italiano. Da una parte si etichetta un lavoro come un qualcosa che possono fare tutti, dall'altra lo Stato mette sulla schiena dei professionisti importanti responsabilità, molti adempimenti fiscali e una precisione contabile nella redazione del bilancio degna di un bravo commercialista.

Qual è il risultato di tutto questo? Dato che la soglia di ingresso alla professione è davvero bassa – come detto, è sufficiente fare un corso di formazione iniziale organizzato dalle associazioni di categoria – si buttano nella mischia un po' tutti. Troviamo amministratori di diverse estrazioni sociali, diversa preparazione culturale, diversa abilità ad apprendere e a rimanere aggiornati.

Ora, escludendo tutti quelli che fanno l'amministratore come secondo o terzo lavoro, e che amministrano il condominio in cui vivono e quello di qualche parente stretto, possiamo dividere gli amministratori professionisti in due macrocategorie.

L'amministratore artigiano

Lo avrai probabilmente conosciuto. È colui che gestisce e coccola il condominio come fosse una statua di cera da plasmare con le proprie mani. Corre sul posto per qualunque tipo di problema, super disponibile con i condòmini. Se c'è da cambiare una lampadina, spesso è lui che ci pensa in prima persona. Capita di vederne qualcuno con un marsupio di attrezzi pronto a occuparsi anche della piccola manutenzione del portone o dei citofoni.

È un amministratore che gestisce un numero limitato di condomìni, non potrebbe fare altrimenti, dato il tempo che dedica a ogni singolo condominio. Spesso non ha nemmeno una segretaria ad aiutarlo, proprio perché non può permettersela dato l'esiguo numero di incarichi che è in grado di gestire.

Messa così, sembra l'amministratore che tutti vorrebbero avere. Hai il suo numero diretto, lo chiami e lui corre. Ti fa risparmiare piccole spese di manutenzione perché ci pensa lui in prima persona, segue personalmente ogni fornitore che eroga servizi al condominio.

Attenzione, però, ho detto appunto che *sembra* l'amministratore perfetto. Nella realtà dei fatti, dietro questa figura si nascondono moltissime criticità, ed è proprio questo tipo di gestione quella che ha provocato i maggiori danni ai condomìni.

Vediamo insieme cosa accade quando ti affidi a un amministratore artigiano.

Abbiamo detto che tu lo chiami e lui risponde. Cosa succede, però, se alle 3:00 di notte scopri che c'è una perdita dall'appartamento disabitato di sopra e ti sta piovendo in salotto? Chiami il tuo amministratore, ma lui non risponde, come è normale che sia, perché sta dormendo.

Nel frattempo le ore passano, la tua agitazione aumenta perché la chiazza sul soffitto diventa sempre più larga e i secchi per raccogliere l'acqua che piove non bastano più. I tuoi mobili si stanno rovinando, domani devi anche andare al lavoro e invece stai passando la notte nel panico perché il tuo unico punto di riferimento in condominio non risponde.

Lo stesso scenario si può verificare se è in ferie, ad esempio d'estate, o la domenica, quando è a pranzo fuori e il suo telefono non prende. Se hai un'emergenza e c'è assolutamente bisogno di un suo intervento, devi incrociare le dita e sperare che sia disponibile a risponderti.

Un'altra conseguenza davvero molto frequente di una gestione artigiana è la contabilità poco chiara. Generalmente, infatti, questo tipo di amministratore gestisce la contabilità in modo approssimativo, qualcuno neanche usa un moderno gestionale, ma va avanti con i file Excel.

Non si riesce mai a capire bene come si muovano i soldi del condominio, spesso mancano i fondi per coprire le spese, ma è impossibile evidenziare per quale motivo ci sia questa situazione. L'usanza più comune dell'amministratore è dare la colpa ai condòmini morosi che non pagano le rate condominiali in tempo.

Nella realtà dei fatti, abbiamo visto che spesso i soldi del conto vengono usati in modo improprio e che la mancanza di organizzazione e di preparazione porta l'amministratore a usare i soldi di un condominio per coprire le fatture di un fornitore che ha lavorato per un altro condominio, il tutto con la speranza di sistemare poi lo sbilanciamento contabile. Finisce sempre con il perdere il controllo dei movimenti e non sa più bene di quanti soldi disponga effettivamente un condominio piuttosto che un altro.

Senza parlare poi dei casi in cui, invece, c'è un'esplicita malafede e questa gestione approssimativa dei conti correnti mette l'amministratore nella facile situazione di poter far sparire dei soldi lasciando buchi di decine di migliaia di euro ai suoi condomìni. Ci sono davvero centinaia di denunce in questo senso, basta fare una semplice ricerca su Google per trovarle.

L'amministratore artigiano, inoltre, non ha la forza commerciale per ottenere trattamenti economici di favore da parte dei fornitori e il condominio si ritrova a pagare a caro prezzo dei servizi per cui, invece, avrebbe potuto risparmiare.

L'amministratore strutturato

Abbiamo capito che l'amministratore artigiano sembra una buona soluzione ma, in realtà, è davvero un salto nel buio e, nonostante sia un onesto e preciso professionista, ha delle criticità strutturali a cui non può sopperire in alcun modo.

L'altro modello di riferimento è invece l'opposto: l'amministratore strutturato. In questo caso, l'amministratore non è il tuo contatto diretto, ma ha un'importante struttura alle spalle per ogni tipo di evenienza.

Spesso ti mette a disposizione un numero verde 24 ore su 24 per segnalare le urgenze e i guasti. Puoi chiamare in ufficio dove risponde sempre una segretaria pronta a darti tutti i chiarimenti e il supporto che richiedi.

La contabilità è chiara e trasparente, accessibile spesso da App o da sito web, e puoi vedere ogni trasferimento di denaro, talvolta anche in tempo reale.

È sicuramente la scelta migliore a medio-lungo termine per il tuo condominio perché la sua struttura è affidabile e pronta a risponderti quando ne hai bisogno.

Allora è questa la soluzione? Sicuramente è la soluzione migliore tra le due, ma non è quella definitiva perché, anche in questo caso, ci sono delle criticità.

La lamentela più frequente, infatti, è che l'amministratore non si vede mai se non nelle assemblee. Alcune volte, anche in quelle situazioni manda dei collaboratori, quindi è davvero un uomo invisibile.

L'amministratore strutturato, infatti, non vive il condominio e non conosce quali sono i reali problemi da risolvere, conosce solo quelli che tu gli segnali. Non è in grado di essere proattivo nel portare novità e soluzioni specifiche per il tuo condominio che ne aumentino il valore.

Non avendo rapporti con i condòmini, né tanto meno frequentando il condominio, non sa cosa proporre, per far stare meglio i condòmini, se non soluzioni standard che applica a tutti senza alcun tipo di valutazione specifica. È come se un nutrizionista desse a tutti la stessa identica dieta perché non ha tempo di visitare i pazienti. In qualche caso potrebbe anche funzionare ma spesso arrecherebbe più danni che benefici.

Il tuo condominio è come un paziente che ha bisogno di essere visitato ciclicamente dallo specialista con lo scopo di calibrare le soluzioni migliori per il caso specifico. Se l'amministratore non passa mai perché non ha tempo per farlo, essendo più occupato a gestire il suo studio o i suoi condomìni, gli manca una parte fondamentale per fare un eccellente lavoro.

Esiste una soluzione? Sì, esiste, ma te ne parlerò più avanti. Prima di cercare una soluzione, infatti, la cosa più importante da fare è avere un'aspettativa chiara di ciò che ti aspetti dalla gestione del tuo amministratore.

Capisco che parlare di amministratori di condominio non è il massimo del divertimento e, tra le tante cose su cui fantasticare, pensare a come dovrebbe essere la gestione dello stabile in cui vivi non sembra molto affascinante.

Allo stesso tempo, però, pensa che stiamo parlando del bene materiale più prezioso che hai: la tua casa. Nessun bene materiale andrebbe tutelato, protetto e curato più della casa, il sacrificio di una vita, il luogo in cui crescere e far vivere la propria famiglia.

Se stai leggendo questo libro è perché la tua casa si trova all'interno di un condominio e, se va in malora l'intero condominio, ne avrai dirette conseguenze anche tu, sia rispetto alla qualità della tua vita domestica, sia rispetto al crollo del valore del tuo immobile.

Esatto. Chi compra casa ovviamente valuta anche lo stato del condominio in cui si trova. Avere un bell'appartamento in un condominio fatiscente, sporco, maleodorante, con citofoni disastrati e portoni difettosi, scoraggerà chiunque a fare un'offerta economica per la casa, oppure lo farà abbattendo il prezzo.

È quindi davvero importante immaginare che tipo di amministratore di condominio si vorrebbe, farsi delle aspettative e poi andare a cercare quelle caratteristiche.

Sebbene abbiamo capito quanto sia importante avere un condominio curato, spesso i condòmini puntano a scegliere l'amministratore che costa meno.

Perché accade questo? Il motivo è semplice. Le offerte sul mercato sembrano tutte uguali. Gli amministratori sembrano tutti uguali. Dicono tutti le stesse cose, fanno tutti le stesse promesse di onestà, trasparenza e professionalità. Ci mancherebbe che ti fai pubblicità dicendo di essere un poco di buono!

È quindi naturale, di fronte a offerte tutte simili, scegliere quella che costa di meno o, nel dubbio, scegliere un preventivo a caso che si trovi nel mezzo tra il più caro e il più economico. Tuttavia, *poco pagare, poco avere*. Essere allettati dal prezzo basso, in realtà, ti fa correre grandissimi pericoli.

Sì perché, per l'amministratore, prendere un condominio a un prezzo stracciato vuol dire non avere i margini per fare quel lavoro in modo preciso e puntuale e quindi mettersi nelle condizioni di lavorare male e, spesso, di andare a marginare grazie ai fornitori.

Mi spiego meglio. Tu paghi l'amministratore per fare gli interessi del condominio. Se il suo compenso è troppo basso, perché pur di prendere l'incarico ha stracciato il prezzo, dovrà in qualche modo scendere a compromessi con i fornitori e farsi riconoscere sempre una percentuale per i lavori che fa svolgere in condominio.

In questo scenario, davvero molto frequente quando il prezzo di incarico è basso, l'amministratore smette di fare gli interessi del condominio davanti ai fornitori e diventa da questi ricattabile.

Il fornitore, infatti, anziché fare uno sconto al condominio, cosa che avrebbe dovuto chiedere l'amministratore per fare propri i tuoi interessi, dato che lo paghi per questo, riconoscerà una "provvigione" all'amministratore che da quel momento non potrà nemmeno arrabbiarsi se i lavori saranno fatti male o in ritardo.

Il fornitore di servizi, infatti, dirà all'amministratore che, avendo dovuto riconoscere una parte di compenso a lui, non ha più grossi margini per lavorare bene e quindi non può lamentarsi se non ha rispettato tempi o standard qualitativi.

Alla fine chi ci rimette è sempre il condominio, perché ha pagato un fornitore a prezzo pieno ma ha avuto un servizio come se fosse stato molto scontato. Inoltre, l'unica arma che il condominio ha per vigilare nei confronti del fornitore, ossia il suo amministratore, ha le mani legate perché, in qualche modo, si è "venduto".

Capisci ora che dinamiche pericolose si innescano quando scegli un amministratore economico? Non dico di non guardare il prezzo nel preventivo di incarico – ognuno ovviamente fa i conti con le proprie capacità di spesa – ma ciò che è importante capire è che il prezzo non deve mai essere l'unico elemento di scelta. Mai.

Abbiamo delle convinzioni che spesso ci limitano e ci fanno prendere le decisioni sbagliate. È capitato personalmente a me quando si è trattato di valutare l'operato dell'amministratore.

Nel condominio in cui vivo, avevamo deciso di tenere l'amministratore che era stato messo dal costruttore. Negli anni lo abbiamo sempre riconfermato perché credevamo che fosse la scelta migliore, dato che era anche il geometra che aveva contribuito alla costruzione della palazzina e la conosceva perfettamente. Avevamo la sensazione che la gestione non fosse ottimale, ma era un "amministratore artigiano" che correva quando c'era qualche problema.

Cominciando poi a lavorare con gli amministratori di condominio, ho conosciuto realtà molto strutturate e organizzate e quindi sono stato in grado di suggerire al condominio alcune alternative molto valide. Quando però tornavo a mettermi nei panni del condomino, accadeva qualcosa di incredibile, qualcosa che non vedevo nemmeno io e che mi ha evidenziato il mio socio osservando la scena dall'esterno.

Ero convinto che nel nostro condominio, per come eravamo abituati, avessimo per forza bisogno di un amministratore sempre pronto a correre sul posto per riparare il portone, il cancello e così via. Qualcuno che fosse sempre presente quando c'erano ditte esterne a fare dei lavori di manutenzione. Per qualche inspiegabile motivo, ero convinto che il nostro condominio fosse differente e che quindi l'attuale amministratore fosse ciò di cui avevamo bisogno.

Kostantin, il mio socio, mi chiedeva: «Tu vuoi che l'amministratore ti risolva personalmente i problemi o vuoi che i problemi vengano risolti in modo tempestivo, a prescindere poi da chi lo faccia?»

Effettivamente la mia priorità era avere meno rogne possibili, non sono uno che vive molto il condominio, quindi, meno pensieri mi dà, meglio sto. Nonostante avessi capito questo, proprio perché non ero proattivo all'interno delle dinamiche condominiali, ho trascurato la questione e lasciato le cose com'erano.

Fino a quando è successo quello che sapevo, ma che non volevo vedere, e abbiamo pagato tutto insieme lo scotto di una gestione artigiana del condominio. Nel giro di pochi mesi, infatti, l'amministratore era diventato irreperibile, non rispondeva più al telefono e raramente lo faceva ai messaggi WhatsApp.

Per ben due volte abbiamo scoperto che le bollette di luce e acqua del condominio non venivano pagate perché ci hanno staccato le utenze e ci siamo ritrovati tutti in enormi difficoltà. Nel condominio ci sono anche famiglie con bambini piccoli, prova a immaginare il disagio.

Fortunatamente una condomina che lavorava in Acea, grazie a dei contatti personali che ha mantenuto, è riuscita a gestire il problema: abbiamo fatto una colletta in pochi minuti e provveduto al pagamento delle utenze per farci riattaccare i servizi.

Tornati all'attacco dell'amministratore scomparso, abbiamo scoperto che i soldi sul conto del condominio erano spariti. L'amministratore si era da poco separato dalla moglie ed essendo in evidenti difficoltà economiche aveva preso "in prestito" i soldi che avevamo sul conto.

Non ti racconto il dialogo al telefono tra una condomina e l'amministratore perché è vietato ai minori di 18 anni ma, come per magia, nel giro di poco l'amministratore ci ha bonificato dal suo conto i soldi utili a coprire quanto avevamo appena nuovamente anticipato per pagare le utenze.

Inutile dirti che lo abbiamo defenestrato in pochissimo tempo e ci siamo affidati a uno studio più strutturato, il cui andamento non procedeva di pari passo con le vicende domestiche di un solo uomo.

Abbiamo risolto tutti i problemi? Come detto prima, non proprio. Ci manca ancora qualche pezzo, ma questo accadeva circa un anno fa e in quel periodo non avevamo scelte migliori da fare.

La storia personale che ti ho appena raccontato è solo una delle tante che accadono ogni giorno, tutte più o meno simili. Il punto è che troppo spesso uno studio di amministrazione condominiale si identifica troppo con il suo titolare e qualunque cosa accada a lui si ripercuote sul condominio.

Di contro, trovare uno studio che abbia spersonalizzato la gestione, ci mette nelle condizioni di essere amministrati da uno sconosciuto che non capisce le nostre esigenze e che ci tratta come se fossimo un numero sul suo software gestionale.

Quando dico che ho conosciuto personalmente centinaia di amministratori non è un modo di dire. Ho fatto corsi di formazione su management e marketing ad amministratori di ogni livello, provenienti dalle grandi città come dalle province. Gente del Nord, del Centro, del Sud o delle Isole. Chi ha cominciato da poco, chi fa questo lavoro da trent'anni.

Posso dirti che le sfaccettature sono moltissime e che ogni amministratore ha una storia da raccontare che vale la pena ascoltare. Allo stesso tempo, però, ti dico con certezza che il livello culturale di alcuni è talmente basso che non so come facciano a prendere incarichi, mentre altri sono così preparati e formati che hanno una crescita frenata solamente dal loro modello di business.

La mancanza di un albo a fare da filtro e soglia di ingresso ha, negli anni, compromesso di molto la professionalità media della categoria e per questo motivo si fa fatica a rispettare l'amministratore di condominio come si fa con l'avvocato o con il commercialista.

Proprio a causa di questa confusione sulla categoria, alcuni scelgono di affidare il proprio condominio a chi ha almeno un altro titolo, come avvocato-amministratore oppure commercialista-amministratore.

Viene da pensare che, se sei avvocato, allora sai fare meglio anche l'amministratore. Nella realtà dei fatti questa cosa non è quasi mai vera. E il motivo è semplice.

Se sei un avvocato e hai bisogno di cercare anche condomìni da amministrare per guadagnare qualcosa, è evidente che non godi di grande stima nel mondo dell'avvocatura, altrimenti avresti già abbastanza clienti. Quindi, non sei granché come avvocato e probabilmente non sarai granché come amministratore, perché non lo farai a tempo pieno, ma sempre nei momenti liberi.

Il lavoro dell'amministratore comporta una parte di operatività sul campo a cui né l'avvocato né il commercialista sono abituati e formati. Il rapporto con i fornitori, il controllo del loro lavoro, il potere negoziale sulle tariffe, la gestione delle assemblee di condominio sono tutti aspetti che non hanno nulla a che fare con gli studi di avvocato.

Se ho bisogno di un bravo oculista, scelgo il miglior oculista che posso permettermi, specializzato solo nei disturbi degli occhi. E sono sicuro che anche tu faresti lo stesso, non ti affideresti a uno che se la cava come oculista, dermatologo, urologo e anche veterinario.

Devi ragionare nello stesso modo anche quando scegli a chi affidare il tuo condominio. È sempre meglio qualcuno specializzato solo nella gestione condominiale di qualcuno per cui è uno dei mille servizi che offre al pubblico.

Se Freud avesse conosciuto gli amministratori di condominio chissà cosa avrebbe scritto...

Finora abbiamo parlato dell'amministratore dal punto di vista tecnico e organizzativo. Cosa succede però se andiamo più nel profondo e consideriamo anche la sua personalità e il suo profilo psicologico?

Vorrei dire il contrario, ma è davvero un gran delirio. Molti terapeuti hanno abbandonato la professione avendo fallito nel compito di comprenderli. Qual è il motivo di così tanta follia diffusa?

Come detto, è una categoria professionale molto disomogenea, al cui interno si trova un po' di tutto. Dalla persona con bassa cultura generale all'avvocato navigato con molta esperienza, passando per il disoccupato che ha ripiegato a fare l'amministratore come ultima speranza. Troviamo però anche eccellenti professionisti ultra-preparati che darebbero del filo da torcere al più esperto dei dottori commercialisti.

Dal momento che la soglia di ingresso alla professione è davvero bassa, c'è davvero di tutto. Dal punto di vista psicologico e comportamentale, ho conosciuto amministratori accoglienti, educati, dai modi gentili, ma anche amministratori estremamente arroganti e quasi aggressivi con i loro condòmini che, in questo modo, creano un distacco tale per cui è impossibile instaurare un dialogo.

Ho incontrato uomini e donne sognatori, che amano il loro lavoro e che, nonostante ne vengano assorbiti quasi totalmente, hanno il pensiero fisso su come crescere.

E ho incontrato persone che, invece, odiano fare gli amministratori, parlano male della professione, la considerano un incubo e sconsigliano chiunque voglia intraprenderla per salvarlo dall'inferno. E, ahimè, questi ultimi sono davvero molti.

Ti è sufficiente entrare in uno dei tanti gruppi per amministratori su Facebook e porre la domanda: «Vorrei fare l'amministratore, avete consigli da darmi?»

Scoprirai che sarai sommerso di commenti che ti invitano a lasciar perdere se non vuoi rovinarti la vita. È davvero strano, ma c'è molta gente che fa questa libera professione da anni eppure ha una così bassa considerazione del proprio lavoro.

Non hai idea di quanti amministratori ho conosciuto che accetterebbero immediatamente un cambio tra la loro libera professione e un posto fisso a 1.200 euro al mese.

Di per sé non è sbagliato desiderare un posto fisso, è strano invece avere scelto la libera professione, con tutti i pro e i contro, e sognare di avere un lavoro da dipendente.

Quanta passione e quanta dedizione può mettere nei suoi compiti una persona così? In che modo amministra il tuo condominio se il suo pensiero ogni mattina è che vorrebbe fare altro?

Sai, ci sono passato anche io da questa frustrazione. Tra i 20 e i 27 anni, come ti ho anticipato all'inizio del libro, ero infatti un colletto bianco dell'Alitalia. Avevo il mio posto fisso in ufficio, mi occupavo dello studio delle performance degli aerei e il mio lavoro, i primi anni, mi piaceva molto.

Poi le cose sono cambiate, la crisi della compagnia aerea si è fatta sentire anche internamente e l'atmosfera aziendale era tutto fuorché un luogo stimolante. Io ero un vulcano, o almeno desideravo esserlo, ma quell'ambiente mi opprimeva. La gioia di andare al lavoro dei primi anni ha lasciato il posto alla frustrazione. La mia crescita professionale era lenta, imparavo sempre meno cose nuove e le proiezioni di come sarebbe andata l'Alitalia non erano rosee.

Dopo un anno in cui ogni mattina, al mio risveglio, pensavo che avrei voluto fare altro, ho deciso di prendere in mano la mia vita e cambiare. Ho fatto un percorso inverso dal solito, lasciando il posto fisso per l'ignoto più totale. È stata una scelta pericolosa, ma è stata indispensabile per continuare la mia vita in pace con me stesso.

Ci sono invece amministratori che per anni, a volte per decenni, fanno il loro lavoro controvoglia, tristi, svogliati, demotivati. E non fanno nulla per nascondere il loro disappunto e la loro frustrazione. Vanno semplicemente avanti con il pilota automatico, aspettando di andare un giorno, forse, in pensione.

Ognuno sceglie la vita che preferisce, perciò tu, allo stesso modo, scegli l'amministratore migliore per te.

RIEPILOGO DEL CAPITOLO 2:

- SEGRETO n. 1: l'amministratore artigiano è presente in condominio ma non può garantire un'efficienza impeccabile perché lavora da solo.

- SEGRETO n. 2: l'amministratore strutturato risponde in modo tempestivo a ogni richiesta grazie al supporto dei suoi collaboratori, ma si vede pochissimo in condominio e non conosce i problemi che ci sono.

- SEGRETO n. 3: hai bisogno di un amministratore che risolva velocemente i problemi ma che, allo stesso tempo, viva il condominio così da capire quali migliorie apportare.

- SEGRETO n. 4: quando le offerte sembrano tutte uguali, si tende a scegliere il preventivo più economico; sono pochi gli amministratori che sanno valorizzare il proprio lavoro.

- SEGRETO n. 5: se un amministratore costa troppo poco, esponi il tuo condominio a grandi rischi: non pensare mai che un amministratore lavori per la gloria, quindi, se non prende i soldi da te, troverà il modo di marginare altrove, talvolta provocando grossi problemi.

Capitolo 3:
Come strutturare il condominio dei sogni

Il sogno più frequente di ogni uomo o donna è quello di comprare una casa di proprietà in cui vivere. Avere un buon lavoro, ben retribuito, magari stabile e, con il frutto di tanti sacrifici, essere in grado di acquistare una casa in cui tornare la sera a rilassarsi.

Una giovane coppia che vuole mettere su famiglia, un single con una carriera lanciata, o magari una nuova casa per una coppia in pensione che decide di godersi la vecchiaia con uno stile di vita più idoneo ai propri gusti. Ognuno acquista la propria abitazione per motivazioni diverse e con obiettivi chiaramente personali.

Ciò che conta veramente è realizzare il proprio sogno. Sogno che, purtroppo, a volte diventa una sorta di incubo se si scopre che il condominio in cui si trova l'abitazione non funziona bene.

Eh già, perché spesso non ci si pensa ma il condominio influenza moltissimo la vita che fai fra le mura domestiche. Ti sei mai chiesto come dovrebbe essere il tuo condominio ideale?

Immagina di avvicinarti al cancello esterno: vedi con piacere i citofoni moderni, curati, ognuno con il cognome scritto per bene e in modo uniforme. L'entrata è ben illuminata da una lampada posta sul cancello pedonale.

È sera, torni da lavoro, ma puoi sentire quella piacevole umidità nell'aria data dall'irrigazione automatica delle piante nella zona antistante la tua palazzina. Ci sono piante e fiori che, al solo vederli, ti danno senso di armonia.

Il vialetto di ingresso è tenuto bene, i faretti, tutti funzionanti e con una gradazione di luce calda molto piacevole, che guidano il sentiero fino al portone della tua scala.

Apri il portone e ti avvolge subito un profumo di pulito che ti entra nel naso. È profumo di buono, profumo di un ambiente sano e curato. Si respira benessere.

Le lampade, disposte in modo uniforme nell'androne e tutte perfettamente funzionanti, illuminano il pavimento che, a occhio nudo, non lascia intravedere neanche l'ombra di sporcizia.

Vai verso l'ascensore e il tuo sguardo viene attirato da un monitor che riporta alcuni messaggi dell'amministratore. Li hai già letti, quindi non ti fermi e procedi, pensando, ancora una volta, a quanta attenzione il tuo amministratore abbia nei confronti di tutto il condominio.

Pensi a quanto sia davvero affascinante e utile questo monitor interattivo. L'amministratore lo usa durante le assemblee di condominio per mostrare i dati del bilancio, per evidenziare le spese e, addirittura, per far intervenire in videochiamata gli esperti di determinati settori a spiegare aspetti tecnici di interesse del condominio.

L'ultima volta, ad esempio, è intervenuto, direttamente dal suo ufficio, l'assicuratore che ha spiegato cosa copre l'assicurazione e in che modo può intervenire in caso di bisogno. L'amministratore è molto preparato ma, ovviamente, non può essere il massimo esperto di ogni cosa. Ecco perché ascoltare anche i tecnici specifici permette di sciogliere tutti gli eventuali dubbi.

Continuando a richiamare alla mente i ricordi dell'ultima assemblea di condominio, chiami l'ascensore con il pulsante e, dopo qualche istante, un piacevole segnale acustico ti segnala il suo arrivo. Si aprono le porte e incontri il tuo vicino di casa che sta uscendo.

Lui ti vede e sorride, contento dell'inaspettato incontro, scambiate due battute e vi salutate con delle risate. È davvero piacevole incontrare gli altri condòmini, tutti vanno d'accordo tra di loro e ci si tratta con gentilezza perché non c'è motivo per discutere.

Il regolamento di condominio è stato migliorato prevedendo tutte le casistiche possibili sulla condivisione dei luoghi comuni, oppure sugli orari per fare i lavori.

Sai che c'è qualche condomino un po' indietro con il pagamento delle rate condominiali, ma nessuno ne fa un problema, perché sono persone stanno attraversando situazioni difficili ed è solo un momento sfortunato della loro vita, sono sempre stati regolari pagatori.

C'è soddisfazione comune nel pagare le quote condominiali perché si vede il risultato degli investimenti. Questo condominio è davvero un bel posto in cui vivere e tutti gli amici che ti vengono a trovare ti fanno i complimenti.

Sei sereno perché sai che, qualunque urgenza possa capitare al condominio, hai un numero verde da chiamare, attivo 24 ore su 24, 7 giorni su 7. L'ultima volta che ti è servito, sei rimasto piacevolmente colpito dalla preparazione dell'operatore che ti ha risposto, dalla gentilezza e dalla prontezza di azione dimostrate.

Con l'amministrazione di prima era davvero complicato quando c'era un guasto da risolvere urgentemente, perché dovevi prima riuscire a metterti in contatto con lui e poi sperare che fosse in grado, in quel momento, di prendere in carico il problema.

Quando il nuovo amministratore istituisce il numero verde per l'assistenza è tutta un'altra cosa, perché sai che qualunque cosa succeda, c'è sempre qualcuno pronto a intervenire e a trovare immediatamente il tecnico che arrivi immediatamente sul posto.

Inoltre, scopri con piacevole sorpresa che tutte le chiamate al contact center vengono tracciate, dalla chiamata alla presa in carico del problema da parte del tecnico, fino alla chiusura definitiva del guasto. Questo evita qualunque tipo di discussione perché non c'è possibilità di fraintendimenti o di segnalazioni fatte di cui l'amministratore non ricorda nulla.

La nuova gestione condominiale a cui si è affidato il condominio ha portato davvero molte novità, anche la scelta della ditta di pulizie, che di solito è molto dozzinale, è futuristica. C'è un QR Code, all'ingresso del condominio, da inquadrare per aprire un ticket con la ditta di pulizie e segnalare eventuali aree pulite male o insoddisfazione generale sul livello di pulizia. In questo modo la ditta è in grado di intervenire e correggere se un operatore non ha fatto bene il suo lavoro.

Condominio futuristico con la domotica

Da un po' di tempo si sta parlando di domotica condominiale e a breve verrà introdotta anche nel tuo condominio. Sarà davvero uno spettacolo. Gli impianti saranno tutti automatizzati: prende il nome di Building Automation.

La domotica ormai è piuttosto frequente all'interno delle abitazioni, e solo ultimamente sta prendendo piede a livello condominiale. Per domotica si intende una disciplina che unisce varie tecnologie, dall'elettronica alle telecomunicazioni, passando per l'informatica, che integra i diversi sistemi presenti all'interno di una casa o delle strutture condominiali con lo scopo di migliorare l'abitabilità, il comfort e la sicurezza, senza tralasciare l'importante aspetto del risparmio energetico.

Con un impianto domotico, tutti gli impianti presenti nel condominio interagiscono tra loro e tutti gli elementi che li compongono sono in grado di scambiarsi informazioni e di svolgere funzioni programmate dall'utente e funzioni svolte in parziale o piena autonomia. Il tutto è ovviamente gestito dall'utente attraverso il PC, oppure attraverso il proprio smartphone, e questo rappresenta un vantaggio enorme rispetto al passato.

Grazie alla domotica, si può regolare l'accensione delle luci al passaggio delle delle auto sulla rampa del garage. È impossibile dimenticare le luci accese. Inoltre si possono illuminare le rampe e le scale di accesso anche in assenza di corrente elettrica.

All'arrivo al proprio box con l'auto, il transponder attiverà automaticamente l'apertura della serranda e l'accensione della luce interna.

Sulle scale, solo in assenza di luminosità, le luci si accendono al passaggio delle persone e si spengono automaticamente quando non c'è nessuno. Niente più pulsanti da premere.

Un eventuale guasto agli impianti, come ad esempio l'ascensore, sarà comunicato immediatamente e in modo automatico all'amministratore e alla società di manutenzione tramite un Sms. I problemi vengono risolti ancora prima che tu ne conosca l'esistenza.

Un sistema intelligente chiude automaticamente le finestre a vasistas del vano scale in caso di pioggia e le riapre quando il meteo migliora. Tutte le aree comuni sono dotate di doppio alimentatore e, qualora vi fosse un guasto, anche in questo caso partirebbe un Sms per l'amministratore e per la ditta di manutenzione.

Un impianto fotovoltaico installato sul lastrico solare contribuisce alla produzione di corrente elettrica per l'illuminazione delle aree comuni, con notevole risparmio energetico. L'irrigazione delle aree verdi può essere attivata a seconda dell'umidità del terreno. Il cancello può essere aperto da un'App protetta da password, così da non dover dare le chiavi ai vari fornitori tutelando, in questo modo, la sicurezza.

La domotica permette davvero di sbizzarrirsi per automatizzare molti impianti all'interno del condominio e aumentarne, di conseguenza, la vivibilità e il comfort. Ci sono infine possibilità per migliorare il proprio condominio, spesso, però, capita che nessuno se ne preoccupi e che l'amministratore non sia neanche in grado di proporre queste soluzioni tecnologiche. Alcuni fanno fatica a inviare un'email dallo smartphone e, se parli loro di domotica, ti guardano come se fossi un alieno.

Servizi a domicilio senza stress

Nel condominio dei sogni in cui vivi ci sono, inoltre, molti altri servizi accessori che il tuo amministratore ha previsto e che ti facilitano la vita.

Immagina di avere un'unica interfaccia per richiedere il lavaggio dell'auto con ritiro e consegna a domicilio. Oppure di poter usufruire di un addetto che viene a casa, prende il tuo cane, lo porta in toletta e te lo riconsegna tra le braccia un'ora dopo, tutto pulito e profumato.

O ancora, di poter disporre di servizi lavanderia a domicilio: camicie lavate e stirate direttamente senza muovere un dito, il tutto senza muoverti da casa e avendo un'unica interfaccia a cui fare riferimento.

La badante condominiale: mai più soli

Immagina di avere una badante condominiale per tutte le persone anziane che non possono permettersi lo stipendio intero di una persona e hanno bisogno di un aiuto solo per qualche ora al giorno.

Queste persone possono dividersi il costo della badante che è gestita e coordinata dal condominio, o meglio, dal suo amministratore, tramite accordi con cooperative specializzate.

Condominio cardio protetto: il defibrillatore semiautomatico salva la vita

Sapevi che il 70% degli arresti cardiaci avviene all'interno della propria abitazione? Ogni anno, in Italia, circa 70.000 persone sono colpite da arresto cardiaco, una ogni 7 minuti, e oltre il 70% di questi casi avviene all'interno della propria casa.

Come puoi capire, dotare la propria abitazione o il condominio di defibrillatore e formare i condòmini al suo utilizzo rappresenta la più efficace delle polizze sulla vita, in grado di dare il maggior risarcimento possibile in caso di arresto cardiaco: la vita stessa.

I costi da sostenere per ogni condomino sono irrisori e, alcune volte, se l'amministratore è bravo, l'attrezzatura si ottiene anche gratis. Si potrebbero salvare molte persone, magari qualcuno che amiamo.

Quanta sicurezza ti darebbe sapere che esiste, ad esempio, un defibrillatore condominiale? Qualora a un condomino prenda un attacco di cuore, la differenza tra la vita e la morte la fanno quei pochi istanti che passano tra l'infarto e il primo intervento con un defibrillatore.

Il defibrillatore semiautomatico è un oggetto grande come un iPad, economicamente accessibile, facile da usare, perché funziona in automatico, e che, attraverso l'erogazione adeguata di corrente elettrica, può "riattivare" il cuore. Intervenendo entro i primi 3 minuti dall'arresto cardiaco, si riescono a limitare i danni al cervello e menomazioni anche gravi. Oltre i 10 minuti dall'arresto cardiocircolatorio non c'è più niente da fare. Nei luoghi in cui ci sono volontari extra ospedalieri che conoscono le manovre salvavita, si arriva al 35% di vite salvate.

È necessaria una breve formazione sull'utilizzo del defibrillatore e sul primo soccorso ma, al contrario di quanto si pensi, non si deve essere un medico per gestirlo. Avere un defibrillatore a portata di mano in condominio può davvero salvare la vita a qualcuno.

Verdura a chilometri zero: orto condominiale

Spesso i condomìni sono terreno fertile per litigi, screzi e gelosie. Il nostro vicino, nell'immaginario moderno, è il frustrato e l'invidioso e le riunioni di condominio si trasformano spesso in campi di battaglia dove diamo il peggio di noi.

Ribaltiamo questa concezione "fantozziana" creando l'opportunità di condividere una parte dello spazio verde con altre persone, che altro non sono che i nostri vicini con cui è sempre bene instaurare rapporti positivi, di amicizia e solidarietà.

Ci sono studi che attestano come la "Green Therapy" sia utile per migliorare le relazioni e riduca ansia e depressione (spesso frutto di stress e ritmi di vita e lavorativi eccessivi e non in armonia con l'ambiente).

L'orto condominiale si trasforma in una bella occasione di socializzazione, oltre al vantaggio e alla soddisfazione di poter mangiare frutta e verdura di stagione, biologiche e a chilometro zero, visto che arrivano dal cortile.

È un modo sano per insegnare ai più giovani come prendersi cura della natura e come impiegare energie in qualcosa di costruttivo. Allo stesso tempo, è una vera valvola di sfogo per tutte le persone anziane che non sanno come passare il tempo e trovano nell'orto condominiale un eccellente catalizzatore di attenzione.

Gli stessi anziani che un tempo erano sempre attenti a borbottare per qualcosa che a loro parere non andava bene, ora hanno qualcosa a cui dedicarsi e si mostrano improvvisamente anche più tolleranti verso il prossimo.

Certo, per avere un orto condominiale servono due requisiti fondamentali: uno spazio adeguato dove crearlo e dei condòmini volenterosi che abbiano il desiderio di occuparsene.

Se però viene realizzato, oltre a fare un'opera di abbellimento e di convivialità, il condominio può diventare produttore di una parte degli ortaggi che consuma, a chilometro zero, dando una mano alle famiglie ad alleggerire il carico della spesa e a mangiare sano e alla tutela dell'ambiente.

Vediamoci chiaro: contabilità trasparente

Quando la contabilità non è chiara e non si capisce bene come si spendono i soldi del condominio, nascono problemi, litigi, incomprensioni e veri e propri buchi finanziari.

Nel condominio ideale in cui vivi questo non accade, perché tutte le spese sono facilmente consultabili online, in tempo reale. Hai infatti accesso, tramite un account personale, alla possibilità di visionare ogni movimento economico del condominio e sai perfettamente di volta in volta dove vanno a finire i soldi.

Spesso i condòmini si rendono conto troppo tardi che i soldi vengono spesi male, strapagando alcuni servizi in modo insensato. All'inizio credono di risparmiare perché l'amministratore ha chiesto poco per il suo compenso ma poi, durante la gestione del condominio, si ritrovano a spendere decine di migliaia di euro in più e, quando se ne accorgono leggendo il bilancio, il danno ormai è fatto.

Questo non può succedere nel condominio dei sogni in cui vivi, perché tutti i condòmini hanno sempre modo di vedere, di volta in volta, come vengono spesi i soldi e pertanto ogni tipo di problema, dubbio o perplessità può essere risolto in tempo reale. Per questo, inoltre, le assemblee di condominio durano poco, non si litiga e si coglie anzi l'occasione per rivedere i vicini di casa tutti insieme.

Se i problemi vengono gestiti e affrontati durante l'anno, l'assemblea di condominio è un momento piacevole. Non è fantascienza quella che descrivo, è tutto possibile. Ovviamente, per creare un'atmosfera così ci devono essere dall'alto organizzazione, disponibilità e un supporto tecnologico adeguato.

RIEPILOGO DEL CAPITOLO 3:

- SEGRETO n. 1: grazie alla domotica, il tuo condominio può diventare futuristico senza una spesa eccessiva.

- SEGRETO n. 2: è possibile centralizzare la richiesta di una serie di servizi a domicilio che ti semplificheranno la vita.

- SEGRETO n. 3: un defibrillatore automatico in condominio può salvare davvero la vita a qualcuno, a fronte di una spesa irrisoria e di un breve corso formativo per il suo utilizzo.

- SEGRETO n. 4: per i condomìni che hanno lo spazio adeguato, realizzare un orto condominiale può essere un eccellente modo per socializzare, impegnare i più giovani e gli anziani e godere tutti di frutta e verdura fresche e genuine senza costi.

- SEGRETO n. 5: il condominio ideale è quello in cui i conti sono sempre in regola, pertanto cerca sempre un amministratore che ti consenta di poter visionare la contabilità in modo trasparente.

Capitolo 4:

Come passare all'azione: i casi specifici

Roma non fu costruita in un giorno. Questo detto vuole dire che, per realizzare grandi opere, servono dedizione, impegno e tempo. Allo stesso modo, serviranno tempo e sforzi per portare il tuo condominio dallo stato attuale a quello ideale perfetto.

Una cosa è certa, ne vale la pena perché il condominio in cui vivi influenza la qualità della tua vita. Non devi semplicemente desiderare un condominio in cui le cose funzionino bene, puoi osare di più.

Puoi desiderare che il tuo condominio sia all'avanguardia, che abbia servizi utili che ti semplificano la vita, che sia a basso impatto energetico e che sia un luogo sicuro in cui crescere magari i propri figli.

Puoi desiderarlo con la consapevolezza che puoi realizzarlo. Certo, non sarà facile e non sarà nemmeno immediato. È un processo e come tale richiede tempo e dedizione da parte di più persone.

Prima di tutto, quello che devi fare è analizzare la tua situazione attuale, il tuo condominio oggi. Prendi un foglio, tira una riga verticale al centro e scrivi a sinistra "Cose buone" e a destra "Cose da migliorare".

Ora elenca nella colonna delle "Cose buone" tutto ciò che ti piace del tuo condominio, le cose che funzionano e quelle di cui effettivamente sei soddisfatto. Puoi inserire aspetti generici o entrare nel dettaglio.

Ad esempio: "rapporto con i vicini", oppure "illuminazione del condominio" o, ancora, "rispetto degli orari del silenzio". Scrivi tutto ciò che ti viene in mente, concentrati solo sulle cose buone del tuo condominio. Prenditi 5 minuti per pensare e scrivere.

Fatto questo, passi all'altra colonna, le "Cose da migliorare". Se dovessi scommettere un centesimo, direi che questa colonna sarà più facile da compilare. Qui devi inserire tutto ciò che attualmente non va bene e che ti crea problemi, oppure che va abbastanza bene ma secondo te può essere migliorato.

Facciamo degli esempi: "stato generale delle pulizie", "manutenzione dei portoni", "cura delle aree verdi", "i citofoni funzionano ma sono vecchi, brutti e rovinati", "contabilità lacunosa e poco chiara", "rapporto con l'amministratore". Ora sta a te: prendi foglio e penna e ci vediamo tra 5 minuti.

Se hai scritto qualcosa, ti dico già che puoi spingerti oltre e fare di meglio. Ripensa a quanto descritto nel capitolo precedente riguardo il condominio ideale.

- Quante di quelle cose potresti o vorresti avere nel tuo condominio?
- Un sistema di domotica per il controllo delle luci o l'irrigazione delle aree verdi?
- Una bacheca interattiva per comunicare con il tuo amministratore?
- Oppure un'app per richiedere servizi a domicilio?

Qui puoi dare sfogo alla tua fantasia, puoi sognare e inserire tutto quello che ti piacerebbe avere. Scrivi senza freni. Hai altri 5 minuti di tempo.

Bene, guardando le due colonne, immagino che quella di destra sia molto più lunga. Ora rileggi tutte le voci nella colonna "Cose da migliorare" e cerca di dare loro un ordine di priorità. Scrivi un numero accanto a ogni voce, da 1 a salire, dove 1 è più urgente di 2 e così via.

È importante dare delle priorità perché, ovviamente, non possiamo realizzare tutto ciò che vorremmo nello stesso tempo. Andiamo quindi con ordine, mettendo prima quello che è più importante e urgente.

Una volta assegnato un numero a ogni voce, è il momento di trascrivere quelle voci su un nuovo foglio in ordine di importanza, secondo il tuo ordine di priorità. Scrivi al primo posto la voce con il numero 1, poi quella con il numero 2 e così a seguire.

Ben fatto, ora hai pronta la tua lista di cose da portare in condominio. Puoi condividere questa lista con i tuoi vicini di casa e magari portare in discussione alla prossima assemblea di condominio alcune migliorie per il vostro condominio.

Ovviamente è importante che siate allineati sul tipo di condominio che vorreste avere, è utile che anche gli altri condòmini facciano una lista come la tua, ognuno può avere un'idea brillante e originale.

Condividi con loro questo libro e invitali a fare lo stesso esercizio cosicché possiate poi confrontarvi. Se tante teste lavorano sull'unico obiettivo di migliorare il condominio in cui vivete, verrà fuori sicuramente una visione fantastica del vostro futuro.

Conosci i tuoi vicini di casa e sai già che qualcuno non è affatto predisposto a fare certi tipi di ragionamenti, oppure con qualcuno hai avuto screzi importanti e non c'è più dialogo. So già che non tutti leggeranno questo libro, né tantomeno faranno l'esercizio.

Non è importante. Ciò che davvero conta è che:
- gli altri condòmini vedano che c'è qualcuno che ha preso a cuore il condominio e si sta impegnando a migliorarlo;

- hai pensato a loro condividendo gratuitamente questo libro, ri-allacciando i rapporti anche con chi non scorre buon sangue; sarai di ispirazione per altri condòmini che vorrebbero fare ma hanno bisogno di una piccola spintarella;
- il modo di comunicare tra voi diventi costruttivo su cose importanti che riguardano il bene comune, mettendo in secondo piano discussioni per piccole cose.

Una volta che avrete creato un fronte comune, anche se siete solo una parte dei condòmini totali, la seconda fase del vostro progetto di condominio ideale consiste nell'affrontare l'amministratore.

Ho usato volutamente la parola affrontare perché non tutti gli amministratori sono in grado di gestire richieste che possano sembrare particolari. Ci sono amministratori che fanno ancora la contabilità con un foglio Excel, carta e penna. Se chiedi innovazioni tecnologiche, a questi prende un colpo, perché non sanno da dove cominciare.

Ecco perché è davvero importante avere un amministratore che sia allineato con voi, che sia aggiornato e abbia un approccio moderno alla professione. Non è più possibile avere un referente che faccia solo il mero contabile, spesso neanche bene, senza occuparsi di tutti gli altri aspetti.

Sono cambiate le esigenze di tutti noi, vogliamo di più e aspiriamo a migliorare la nostra condizione. Abbiamo quindi bisogno di un amministratore che ci accompagni e che, soprattutto, ci guidi verso questo cambiamento e miglioramento.

Se capisci che il tuo amministratore è molto conservatore, che è restio alle novità e che fa finta di non sentire o di dimenticare quando gli chiedi qualcosa fuori dalla sua zona di comfort, possiamo tranquillamente dire che *hai un problema*. A essere più precisi, tutti voi condòmini, da lui amministrati, avete un problema.

Finché avrete lui come amministratore, puoi anche dire addio alla tua lista di cose da migliorare in condominio e dovrai tenerti per sempre i soliti problemi che conosci, sommandone nel tempo sempre di nuovi perché, ovviamente, più passa il tempo e più il condominio avrà bisogno di cura.

Se capisci di essere in questa situazione, la cosa migliore che puoi fare per te stesso e per il tuo condominio è decidere di cercare un amministratore più in linea con ciò che desiderate e che sappia rispondere a tutte le vostre esigenze.

Facendo delle ricerche su Internet, qualcuno mi suggerisce di tenere sempre sotto esame l'amministratore, controllare in continuazione la contabilità, verificare i fornitori facendomi mandare il DURC, gli ultimi due bilanci delle società che lavorano nel condominio, visionare le fatture e tutte le varie certificazioni.

Praticamente dovrei cambiare lavoro e fare il "controllore dell'amministratore". Tra l'altro, ciò è veramente difficile se non mi vengono forniti strumenti di controllo sulla contabilità. Ad esempio, se non c'è modo di verificare la movimentazione bancaria online, dovrei andare nell'ufficio dell'amministratore, sedermi accanto a lui e spulciare ogni euro speso?

Non so cosa faccia nella vita la gente che scrive queste cose, ma sinceramente avrei qualcosa di meglio da fare nel mio tempo libero. Non ho voglia, e spesso neanche il tempo, di poter spulciare in questo modo l'attività del mio amministratore. Suppongo valga lo stesso per te, a meno che tu non sappia davvero come passare le giornate e che la tua missione di vita sia controllare ogni mossa del tuo amministratore.

Credo invece che come soluzione sia molto più efficace quella di scegliere con cura a chi affidare il proprio condominio, ossia qualcuno che ci dia strumenti semplici di verifica del suo operato e che abbia credibilità e rispettabilità nel settore.

La domanda da un milione di dollari quindi è: *come trovare il miglior amministratore di condominio?* O, a voler essere ancora più precisi: come trovare l'amministratore di condominio più adatto a noi?

Devi immaginare di essere il titolare di un'azienda e di dover fare i colloqui di lavoro per scegliere il candidato migliore per un posto che si è liberato in azienda. Valutando un candidato, esaminerai le sue credenziali, gli eventuali titoli conseguiti, la sua preparazione tecnica, la capacità di comunicazione, la prontezza nella gestione dei problemi e nella sopportazione di situazioni stressanti. Ecco, stai facendo la stessa cosa: stai cercando il miglior candidato possibile a cui affidare il ruolo che si è liberato nell'azienda "condominio". Hai bisogno di un amministratore e sono partite le selezioni.

Prima di vedere come cercare i candidati migliori, partiamo da un principio: cosa cerchi in un amministratore di condominio? Quali caratteristiche vuoi che abbia?

Da un sondaggio fatto su un vasto campione di condòmini, sono tutti per lo più d'accordo nel ritenere che la cosa più importante in un condominio sia la rapida risoluzione dei problemi. Mettiamo quindi al primo posto la reperibilità 24 ore su 24 e un sistema di gestione di guasti e urgenze.

Non è possibile pensare che non ci sia un pronto e rapido intervento se sto per uscire con l'auto alle 7:00 di mattina per andare al lavoro e trovo un grosso ramo caduto a ostruire il passaggio. Se chiamo l'amministratore e ha il telefono spento, che faccio? Non esco fin quando sua signoria non si sveglia?

Reperibilità 24 ore su 24

La prima caratteristica che devo cercare in un amministratore è che abbia un sistema di gestione delle chiamate 24 ore su 24, 7 giorni su 7. Non importa se risponde lui personalmente o un addetto incaricato. Quello che è fondamentale è che devo essere in grado di segnalare un guasto in qualunque momento e sapere che qualcuno, in breve tempo, interverrà per risolverlo.

Trasparenza contabile

Lo stesso sondaggio mette al secondo posto la trasparenza contabile. Se fai una breve ricerca su Google, scoprirai quanti amministratori sono scappati con la cassa. Nel senso pratico, hanno preso i soldi del condominio e si sono dati alla macchia facendo perdere le loro tracce e lasciando buchi finanziari importanti.

In sostanza, le persone hanno pagato regolarmente le rate condominiali, compresi magari gli extra per lavori straordinari, e, all'improvviso, hanno scoperto che sul conto del condominio non c'era un euro.

Chiamala truffa, chiamala furto, è sicuramente un reato penale e, ciò che è sicuro, è che quei condòmini non rivedranno mai più i loro soldi. Anzi, dovranno pagare nuovamente tutte le rate pagate fino a quel momento.

Questi ovviamente sono i casi più gravi, quelli che attirano l'attenzione dei media e creano più scalpore. Nel sottobosco, in realtà, ci sono migliaia di casi in cui mancano a bilancio cifre parziali, o non si capisce come siano stati spesi i soldi, oppure ci sono spese gonfiate per servizi generalmente più economici. Una vera giungla in cui districarsi. Il problema nasce alla base quando l'amministratore può fare ciò che vuole senza offrire ai condòmini mezzi di controllo.

Ciò che devi quindi pretendere dal tuo nuovo amministratore è un sistema digitale di controllo della contabilità. Questo non vuol dire che devi passare le tue giornate a capire come spende i soldi l'amministratore, ma il fatto che venga fornito lo strumento per farlo, vuol dire che lavora in modo preciso, onesto e puntuale.

Ottimizzazione delle spese

Un altro aspetto che inserirei fra quelli del mio amministratore ideale è sicuramente la sua capacità di gestire al meglio i nostri soldi, così da farci spendere il giusto per avere ottimi servizi. Molti amministratori purtroppo prendono sottogamba questo aspetto o, a volte, lo fanno con malizia e fanno spendere ai condòmini cifre molto alte per qualunque tipo di servizio.

Il mio amministratore ideale, invece, ha ottimi accordi con i fornitori ed è in grado di portarci in visione preventivi sempre molto concorrenziali. In fondo lui lavora per noi, lavora per il condominio, ed è suo compito ottimizzare le spese come farebbe un bravo direttore di azienda.

Innovazioni

La quarta e ultima macro-caratteristica che inseriamo fra quelle che deve avere l'amministratore ideale è la proattività nel ricercare innovazioni da portare al condominio.

L'amministratore non può limitarsi a farsi vedere solo alle assemblee di condominio. In questo modo non conoscerà mai a fondo le caratteristiche del nostro edificio, quali carenze ci sono, cosa si potrebbe fare per migliorarlo. Se non frequenta il condominio, non capisce le esigenze dei condòmini, non può essere promotore di iniziative che risolvano determinati problemi perché, di fatto, non sa nemmeno che esistono quei problemi.

Il mio amministratore ideale frequenta il condominio, viene di tanto in tanto a vedere, analizzare, studiare la situazione. Ha un confronto continuo con i condòmini per capire quali esigenze hanno, è un vero punto di riferimento per tutti noi rispetto a tutto ciò che concerne il condominio.

È lui che, vedendo il condominio, ci propone migliorie e interventi da fare, trova i fornitori migliori per farlo al miglior prezzo possibile, offre soluzioni a problemi di cui nemmeno gli abbiamo ancora parlato e innovazioni che migliorano la qualità della vita dell'interno condominio. Allo stesso tempo, però, deve anche avere una struttura che sia in grado di gestire la contabilità, le urgenze, il controllo sull'operato dei fornitori, altrimenti non potrà mai essere efficiente.

Caccia ai candidati

Una volta capite quali sono le caratteristiche che ricerchiamo dal nostro amministratore ideale, dobbiamo buttarci a capofitto lì fuori, nella giungla delle offerte, e trovare quelli che sembrano i candidati migliori per noi.

Da dove cominciare? Abbiamo diverse possibilità, e nessuna esclude l'altra, anzi, andrebbero sicuramente incrociate. Ti elenco i 7 principali strumenti che hai a disposizione per valutare in modo preventivo un amministratore.

Pensa al tuo condominio come a un'azienda a guida della quale devi mettere il profilo migliore possibile. Scegliere un amministratore è una cosa seria. Via, partiamo.

1. Passaparola

Il più vecchio e diffuso modo per scoprire qualche bravo professionista è sicuramente il passaparola. Puoi chiedere a parenti e amici come si trovano con il loro amministratore, che opinione hanno di lui, che tipo di problemi ha risolto.

In un settore dove oltre la metà dei condòmini sono insoddisfatti del proprio amministratore, qualora trovassi qualcuno che ne parla bene è sicuramente un ottimo inizio. Il passaparola, però, è solo l'inizio.

2. Recensioni

Ciò che devi fare, in ogni caso, è un'approfondita ricerca sul web. Se hai avuto il nome di un amministratore, cercalo su Google e controlla innanzi tutto se ha delle recensioni positive lasciate da altri condòmini.

Se nessuno ha mai speso del tempo per scrivere degli apprezzamenti sul suo operato, qualche domanda me la farei. Oggi viviamo nel mondo delle recensioni e siamo profondamente abituati a scriverle e a leggerle.

Scegliamo un ristorante in cui mangiare leggendo le recensioni di coloro che sono stati lì prima di noi. Leggiamo sia quelle positive sia quelle negative e vediamo come il titolare ha gestito le critiche, cercando di capire se sono davvero fondate.

La maggior parte degli oggetti che compriamo su Amazon vengono scelti in base al punteggio delle recensioni. Se ho bisogno di qualcosa, ma non so quale modello comprare, vedo quello più votato dagli altri e lo prendo senza pensarci troppo, affidandomi al fatto che altri prima di me lo hanno usato e, in modo del tutto disinteressato, hanno lasciato una testimonianza scritta.

È fondamentale, quindi, che l'amministratore che stai valutando abbia delle recensioni positive su Google lasciate da altri clienti.

3. Presenza online

Studia la sua presenza online, guarda attentamente il suo sito web, sempre che ne abbia uno. Qualora non lo avesse, è davvero un pessimo segno. Oggi è impensabile fare business e sottovalutare l'importanza di avere una vetrina sul web.

Se un amministratore è così conservatore o digitalmente arretrato da non avere un sito web, è facile immaginare quanto sia retrogrado il suo modo di gestire i condomìni.

Appurato quindi che il candidato ha un sito web, leggi il contenuto e vedi se è totalmente autoreferenziale, una sbrodolata di testo con cui si loda da solo sul fatto che è il più bravo, il più professionale, il più preparato. Se fosse così, non avresti molti elementi per farti un'idea di lui e di come lavora. Diverso è se trovi un sito in cui parla di te, non di lui. Parla dei condòmini, magari ha un blog e numerosi articoli con cui affronta problemi e regala soluzioni in modo gratuito.

Meglio ancora se trovi dei video in cui ci mette la faccia e ti spiega come comportarti nel caso di una particolare situazione condominiale da risolvere. Ascoltandolo in video, hai modo di vedere come parla, che linguaggio usa, se si pavoneggia oppure se parla spassionatamente della materia condominiale senza salire su alcun piedistallo.

L'amministratore che scegli sarà colui con cui dovrai parlare nei prossimi anni, sarebbe davvero difficile instaurare una comunicazione efficace con qualcuno dall'ego smisurato che ti guarda dall'alto in basso. Hai assolutamente bisogno di qualcuno che, invece, capisce il tuo punto di vista e cerca di aiutarti con i mezzi che ha a disposizione.

Un altro modo per dare valore è quello del podcast. Il candidato che stai valutando ha un podcast con cui regala contenuti di valore? Sarebbe un'ulteriore prova del suo approccio in abbondanza davvero apprezzabile. Scambia in abbondanza dando egli stesso qualcosa in anticipo prima di chiedere. I podcast sono rarissimi tra gli amministratori, ma potresti essere fortunato.

4. Struttura

L'amministratore ha una struttura alle spalle fatta di collaboratori, procedure, sistemi informatici, servizi esternalizzati? Oppure è uno che lavora da solo e carica sulle sue spalle tutto il lavoro?

Ricordi la distinzione tra amministratore artigiano e amministratore strutturato? È importantissimo capire con che tipo di amministratore stai per avere a che fare.

Se chiami alle 3:00 di notte per un guasto, è in grado di gestire l'urgenza? E se chiami in ufficio per avere un chiarimento contabile, c'è sempre qualcuno pronto a darti assistenza o devi sperare di trovare proprio lui libero da impegni?

Un amministratore artigiano può sembrare una buona scelta nel brevissimo termine perché, come già detto, è molto presente, ma alla lunga pagherai uno scotto salatissimo.

5. Trasparenza contabile

L'amministratore ti offre strumenti, ad esempio digitali, per visionare costantemente la contabilità del condominio? Qualche amministratore ti dà accesso al suo gestionale, permettendoti di vedere ogni operazione che fa sul tuo condominio. Qualcun altro ti dà l'accesso al conto corrente bancario, ovviamente in sola modalità di lettura. Altri invece ti presentano solo il bilancio alla riunione di condominio e non hai modo di verificare nulla prima di sfogliare le pagine confusionarie che ti hanno portato.

Hai deciso di voler cambiare amministratore di condominio, quindi è fondamentale che il cambio sia radicale, con qualcuno che ti dia strumenti potenti nelle tue mani affinché non si verifichino più strani movimenti finanziari. Se oggi, con tutte le possibilità tecnologiche che abbiamo, un amministratore non ti mette nelle condizioni di controllare la contabilità, è un pesante punto a suo sfavore.

6. Prezzo

In fase di preventivo, scoprirai a quanto ammonta il compenso che l'amministratore chiede per gestire il tuo condominio. Fai un'attenta analisi del prezzo e... *non sceglierlo solo perché è quello più basso.*

Anzi, dovresti starne lontano. Se il suo compenso è stranamente basso, più basso della media della zona, ti dico subito che non hai trovato un santo, un benefattore, un angelo che fa questo lavoro solo perché gli piace. Sarebbe bello pensarlo, ed è davvero facile farsi attrarre dall'idea di spendere meno ma, appunto, è solo un'idea.

Quello che ti sembra di risparmiare ora lo pagherai poi con salatissimi interessi sotto forma di spese altissime per interventi di manutenzione e disinfestazione, costi elevati per l'energia elettrica, parcelle ai fornitori ingiustificatamente care.

E il motivo è semplice. Pur di prendere in carico il tuo condominio, ha tirato giù il prezzo, consapevole del fatto che poi andrà a marginare altrove, guadagnando una buona percentuale da tutti i lavori, e quindi sarà un suo specifico interesse che gli interventi siano il più cari possibile.

So che queste cose che sto svelando faranno arrabbiare molti amministratori, perché sto mostrando lo sporco nascosto sotto il tappeto, ma è ora di dire basta a questo loro modo di lavorare di bassissimo livello etico e professionale.

Il loro è un gioco sporco che fa arrabbiare, ma è esattamente ciò che accade se ti affidi a qualcuno che butta giù il compenso da amministratore pur di prendere incarichi. Stai lontano dai prezzi bassi, scegli quello in linea con il mercato o, se te lo puoi permettere, prendi il più caro (purché il prezzo sia ovviamente giustificato da un servizio eccellente).

Un bravo amministratore che gestisce un condominio in cambio di un compenso adeguato allo sforzo avrà la consapevolezza di essere ricompensato equamente per il suo lavoro e, pertanto, farà gli interessi del condominio di fronte ai fornitori.

Il bravo amministratore lavora per il condominio, lo cura

internamente e lo difende dagli squali esterni, lottando per strappare prezzi migliori in cambio dei servizi necessari.

7. *Abilitazioni*

L'ho messo per ultimo, ma non perché sia meno importante, forse perché lo do per scontato: verifica che l'amministratore abbia tutte le abilitazioni in regola per svolgere il suo lavoro e abbia conseguito la formazione iniziale obbligatoria di 72 ore superando l'esame. Inoltre, deve frequentare altre 15 ore l'anno di formazione di aggiornamento.

A questo punto, abbiamo visto quali sono le 7 principali caratteristiche da valutare in un amministratore. Questo non ti assicura al 100% di scegliere un amministratore che non ti darà mai problemi, ma di sicuro aumenterai di molto le probabilità di scartare quelli sbagliati che farebbero enormi casini nel tuo condominio.

Una volta individuati uno o più candidati validi, chiedi loro un preventivo per la gestione del tuo condominio. Ti chiederanno alcune informazioni e l'ultimo bilancio al fine di poter fare l'offerta migliore. Anche in questa fase, puoi valutare come si comportano, perché ti faranno domande sui reali problemi che avete, sui motivi di insoddisfazione e ti spiegheranno come possono intervenire per migliorare la situazione.

Oppure si limiteranno a mandarti un crudo preventivo? Certo, se adesso, quando vogliono prendere un nuovo condominio, non si interessano ai problemi che danno fastidio ai condòmini, figuriamoci cosa faranno dopo, quando avranno in mano l'incarico.

Raccolti i preventivi, scegli quello che fra tutti ti sembra più adatto alle vostre esigenze e condividilo con gli altri condòmini, così da allinearvi ed essere d'accordo. Ricorda che, per cambiare amministratore, hai bisogno della maggioranza degli intervenuti all'assemblea che rappresentino almeno 500 millesimi (la metà del valore dell'edificio).

È quindi molto importante prendere le deleghe di quei condòmini che sono favorevoli al cambio con il nuovo amministratore individuato ma non possono garantire di essere presenti in assemblea per la votazione.

RIEPILOGO DEL CAPITOLO 4:

- SEGRETO n. 1: elenca in ordine di importanza le cose che vorresti migliorare nel tuo condomino e quali innovazioni vorresti introdurre per realizzare il tuo condominio ideale.

- SEGRETO n. 2: condividi con gli altri condòmini il desiderio di costruire un condominio migliore e fatti aiutare a capire come fare.

- SEGRETO n. 3: sprona il tuo amministrare ad agire e, se non lo fa, non esitare a cambiarlo il prima possibile.

- SEGRETO n. 4: cerca dei candidati per il tuo amministratore ideale con la stessa cura che porrebbe nella scelta il titolare di un'azienda che deve assumere un nuovo direttore.

- SEGRETO n. 5: cerca alleati nel condominio per scegliere l'amministratore prescelto, coinvolgili nei motivi per cui ritieni che sia quello da preferire.

Conclusione

Siamo arrivati alla conclusione del libro. Abbiamo visto quali sono i litigi più frequenti in un condominio e come gestirli prima che diventino un vero problema.

Chiaramente esistono molte altre sfaccettature per cui si può litigare in un condominio ma, se ci si sforza di avere un approccio più comunicativo e aperto al dialogo e al confronto, sarà più facile trovare dei compromessi che vadano bene a tutti.

Se, ad esempio, la qualità della tua vita in casa è peggiorata drasticamente perché il vicino fa sempre rumore, la cosa migliore che tu possa fare è insonorizzare la camera da letto. Riuscire ad avere una buona qualità del sonno migliora automaticamente l'umore e la sopportabilità a fenomeni esterni imprevisti come, appunto, un vicino che fa rumore. Risolvendo il problema che non ti faceva riposare bene, non ci sarà poi motivo di discutere sempre con il tuo vicino di casa.

Per quanto riguarda invece situazioni spiacevoli come i cani che abbaiano in continuazione, il Cannavacciuolo indiano che cucina a tutte le ore con il curry impuzzolendo le scale o, ancora, quello che abita di sopra che sgocciola i panni sul tuo giardino, un maggior dialogo, spesso, risolve gran parte delle discussioni.

In aiuto può venire, sicuramente, un buon regolamento di condominio che preveda la gestione di tutte queste situazioni, così ognuno sa perfettamente cosa può o non può fare e cosa deve o non deve tollerare dagli altri. Ricordiamoci che un condominio significa condivisione di spazi comuni e quindi serve tolleranza, pazienza e un minimo di apertura mentale.

Uno degli argomenti invece più spinosi di tutti è quello del recupero crediti. C'è chi paga le rate condominiali sempre regolarmente, chi sempre in ritardo e chi invece non le paga mai.

La conseguenza di una gestione allo sbando del recupero delle quote condominiali provoca scarsità di fondi sul conto e, quindi, molti servizi non vengono pagati e ovviamente non vengono erogati. Scale sporche, utenze staccate, guasti mai riparati. Queste sono solo alcune delle conseguenze a cui si deve fare fronte quando mancano i soldi in cassa.

Il ruolo dell'amministratore qui è cruciale! Ricorda che è compito suo adoperarsi per recuperare in tempo le quote non versate e lo deve fare per il bene degli altri condòmini e per la tutela del condominio stesso.

Se sei nelle mani di un amministratore che non agisce in questo senso per paura di perdere consensi e, di conseguenza, di perdere il condominio, è un serio problema e prima o poi l'intero condominio ne pagherà il prezzo, andrà in decadimento e diventerà sempre meno piacevole rientrare a casa la sera.

Negli ultimi vent'anni il mondo è cambiato e questo cambiamento è sotto gli occhi di tutti. Vent'anni fa era qualcosa di futuristico fare le videochiamate al telefono, oggi invece è normale. Vent'anni fa, per riparare la tua automobile, andavi dal meccanico che te la smontava pezzo per pezzo, mentre adesso basta collegare due fili e, attraverso l'elettronica, individuare il problema.

Vent'anni fa il tuo condominio era un'entità pressoché invisibile per lo Stato e non doveva rendere conto a nessuno. Adesso non è più così, il condominio e i condòmini, attraverso l'amministratore di condominio, devono adempiere a una serie di obblighi fiscali nei confronti dello Stato.

Oltre agli adempimenti fiscali, il condominio del 2020 ha anche tante opportunità di usufruire di lavori o servizi gratuiti. Ma andiamo per gradi.

Di solito si pensa che fare l'amministratore di condominio sia facile: l'amministratore raccoglie i soldi, paga le bollette e intasca il proprio compenso, forse ogni tanto risolve qualche guasto, ma è tutto qua. Se anche tu la pensi così, ti dico che hai assolutamente ragione. Di base il lavoro dell'amministratore è stato proprio questo fino alla fine degli anni Novanta, nell'epoca dei dopolavoristi e dei pensionati.

Poi il condominio è comparso sui radar dello Stato ed è diventato sostituto di imposta. Cosa vuol dire? Vuol dire che, se un professionista o una ditta hanno fatto dei lavori nel tuo condominio e ti fanno la fattura, il tuo condominio deve pagare una parte della fattura al professionista, o alla ditta, e un'altra parte allo Stato.

Perché ti racconto questo? Per farti capire che da quel momento in poi è iniziato il declino dell'epoca dei dopolavoristi e dei pensionati che si dedicavano alla gestione del condominio. L'amministratore, da quel momento, è passato pressoché da zero responsabilità alla responsabilità di dover versare, entro la scadenza prestabilita, dei soldi allo Stato per conto del condominio.

Ma tu avevi ancora ragione sostenendo che per fare l'amministratore di condominio non ci voleva un granché. Infatti, fino al 2013 – se ci pensi, solo pochi anni fa – qualunque persona poteva fare l'amministratore di condominio. Non c'era nessun requisito per svolgere questa professione anche se l'amministratore si trovava a gestire centinaia di migliaia, se non milioni, di euro.

Fino al 2013 c'era il Far West. Qualsiasi persona poteva diventare da un giorno all'altro amministratore di condominio. Non c'era nessun obbligo di far transitare i soldi sul conto corrente condominiale, per questo l'amministratore si trovava a gestire grandi quantità di contante. Era veramente difficile controllare i flussi di denaro dei condòmini e c'era la prassi diffusa di pagare i debiti di un condominio con i soldi di un altro condominio, creando una confusione senza fine nella contabilità.

Infatti, in questo lungo periodo, tantissime persone, senza nemmeno conoscere alcunché sul condominio, sono diventate amministratori di condominio dall'oggi al domani, per caso o perché non trovavano un altro impiego.

Non è una colpa, per carità, ma è chiaro che poi sono stati combinati così tanti casini che hanno riempito le cronache dei giornali e, così, l'amministratore di condominio è diventato l'appellativo per persone poco capaci che vivono di espedienti poco leciti.

Dal 2013 è iniziata una nuova epoca in cui sono comparsi i primi requisiti per fare l'amministratore di condominio e così è diminuito il numero degli amministratori dopolavoristi o pensionati ed è aumentato il numero degli amministratori professionisti.

Una grossa fetta amministra solo il condominio in cui vive e non svolge affatto questa professione con la preparazione adeguata. La gestione degli stabili, in questo caso, è davvero molto discutibile e lascia il tempo che trova.

Sebbene sembri conveniente avere qualcuno sempre disponibile nel proprio condominio, non lo fa di mestiere e non è in grado di portare miglioramenti o sfruttare i benefici fiscali che il governo ci mette a disposizione.

Gli amministratori professionisti si dividono invece in due squadre: da una parte gli amministratori artigiani, coloro che seguono personalmente ogni singolo aspetto del condominio, correndo come trottole tra un problema da risolvere e un altro.

Dall'altra parte, invece, ci sono gli amministratori strutturati, molto organizzati, con una forte squadra alle spalle e in grado di affrontare in tempo ogni problema. In questo caso, però, l'amministratore non lo vedi mai se non, forse, alle assemblee.

È un estraneo, non conosce i veri problemi del condominio e si limita a una gestione passiva dello stesso. I problemi vengono risolti velocemente, ma c'è scarsa proattività nel portare soluzioni personalizzate sul condominio.

Abbiamo anche visto tutte le criticità che ci possono essere, e sicuramente ci saranno, se si sceglie un amministratore che chiede un compenso più basso della media. L'amministratore, in questo caso, metterà sempre i suoi interessi davanti a quelli del condominio e ti ritroverai a pagare dei servizi a un prezzo salatissimo, perché per lui è l'unico modo per fare un po' di soldi.

La risposta universale a questo problema quindi è: non cercare l'amministratore che chiede prezzi troppo bassi, perché sicuramente ci rimetterai molti più soldi in seguito.

Abbiamo anche visto come può essere, invece, il condominio dei sogni. Qualcosa di assolutamente fattibile ma che difficilmente un amministratore medio può realizzare.

È possibile, infatti, vivere in un condominio in cui la domotica gestisca in modo automatizzato gran parte dei servizi, avendo come duplice vantaggio un notevole risparmio energetico e un miglioramento della qualità della vita.

Ma non c'è solo la domotica. Si potrebbero infatti centralizzare moltissimi servizi alla persona, come ad esempio la badante condominiale per coloro che ne abbiano bisogno, oppure la toletta per cani a domicilio o, ancora, la tintoria a domicilio. Tutti servizi che ognuno potrebbe richiedere a un unico referente, semplificando sia la prenotazione sia il pagamento.

Parlando di argomenti più "seri", abbiamo visto quanto sia fondamentale avere un condominio "cardio-protetto", mettendo a disposizione dei condòmini un defibrillatore automatico che possa salvare una vita. La gran parte degli infarti avviene infatti tra le mura domestiche e intervenire nei primissimi istanti fa un'enorme differenza tra la vita e la morte della persona.

Quanto sarebbe bello, inoltre, avere un orto condominiale che metta in relazione tutti i condòmini e produca verdura e frutta assolutamente biologiche e innegabilmente a chilometro zero? Anche questa è un'opera assolutamente realizzabile, ma solo se l'amministratore ha la forza, il tempo e la struttura per seguirla. Molti amministratori scappano da idee simili perché comporterebbero una mole di lavoro in più che non sarebbero in grado di gestire. Altri ancora non saprebbero da dove cominciare.

Infine, ma assolutamente non meno importante, l'utilità significativa di avere un sistema di controllo della contabilità affinché tutta la movimentazione bancaria del condominio sia trasparente. Ne abbiamo viste e sentite troppe per fidarci senza riserve dell'amministratore di condominio, pertanto oggi è imprescindibile richiedere un sistema che ci permetta di verificare quando vogliamo, in tempo reale, come sta usando i nostri soldi.

Non si tratta di scarsa fiducia in lui a prescindere. Dobbiamo poter scegliere un amministratore di cui fidarci ma, ovviamente, non in modo incondizionato. Essere in grado di controllarlo ci dà la tranquillità di non ritrovarci dopo un paio di anni di cattiva gestione con un buco di migliaia di euro sul conto corrente, che dobbiamo poi coprire nuovamente con i nostri soldi.

Nell'ultima parte del libro abbiamo visto cosa fare, quindi, con il proprio amministratore, come sollecitarlo a svolgere meglio il suo lavoro e, se ci rendessimo conto, grazie alle nuove conoscenze acquisite in queste pagine, che non fa al caso nostro, abbiamo capito come agire per cercarne un altro.

Come scegliere il giusto amministratore di condominio? È questa in fondo la domanda da un milione di dollari.

Dobbiamo selezionare ed esaminare i vari candidati come se fossimo i titolari di un'azienda e il nostro futuro dipendesse proprio dal direttore che metteremo a capo delle operazioni.

Abbiamo capito quali caratteristiche deve avere e abbiamo studiato come capire se è davvero un bravo professionista, soprattutto grazie alle recensioni e alle testimonianze che altri condòmini prima di noi hanno scelto di lasciare in suo favore.

Di certo è chiaro che non dobbiamo vedere solo il prezzo. Il compenso che prende l'amministratore è solo una delle cose da mettere sulla bilancia, e non è la più importante.

Ciò che conta è se quell'amministratore sia davvero in grado di far diventare il nostro condominio quanto più vicino possibile all'idea di condominio perfetto che ci siamo fatti. Un condominio in cui si respiri benessere, armonia, serenità e voglia di condividere con piacere gli spazi comuni che abbiamo.

Scegliere il giusto amministratore farà tutta la differenza del mondo da qui in avanti. Se il condominio in cui vivi prenderà una strada oppure un'altra dipende tutto dalle scelte che farai oggi.

Se la scelta è giusta o sbagliata, purtroppo, non te ne accorgi subito perché l'operato dell'amministratore ha una certa inerzia. Sarebbe fantastico capire dopo solo una settimana se ci siamo affidati al giusto professionista oppure no. Nel caso in cui scoprissimo che non lavora secondo i nostri standard, lo cambieremmo subito, senza avere il minimo danno o influenza negativa sul condominio.

Purtroppo non funziona così. L'operato dell'amministratore porta risultati, positivi o negativi, dopo diversi mesi dall'inizio del suo mandato. Quando capiamo di aver fatto un errore, i danni sono già stati fatti. Ecco perché è davvero fondamentale fare la scelta giusta e agire immediatamente se capiamo che il nostro amministratore sta lavorando male.

Se sei arrivato fin qui, vuol dire che hai davvero a cuore il tuo condominio e questo ti fa onore. Ti faccio quindi i miei più sinceri complimenti per la tua proattività nel risolvere i problemi. Non sei una persona che si lamenta e si piange addosso senza fare nulla per cambiare la situazione.

Hai scelto di cercare una soluzione, quindi hai preso questo libro e lo hai letto con attenzione fino in fondo perché sei davvero intenzionato a cambiare le cose. Tieni alla tua casa e hai capito quanto sia importante che il tuo condominio venga gestito al meglio. Avresti troppo da perdere qualora il condominio andasse in malora.

Ti ringrazio per la fiducia che mi hai dato e spero di cuore che queste pagine ti siano state di aiuto. Sono certo che ci sono alcuni aspetti della vita condominiale che vivi sulla tua pelle e che non ho trattato ma, come puoi immaginare, ci sarebbe davvero tanto di cui parlare e non posso tediarti con un tomo di mille pagine.

Siamo alla conclusione, ma voglio essere certo che questo libro ti sia davvero di aiuto, quindi dammi ancora pochi minuti del tuo tempo perché sto per presentarti la soluzione definitiva a tutti i problemi che ti ho descritto finora.

Lavoriamo tutto il giorno, facciamo una vita stressante e la sera amiamo rifugiarci nel luogo più sicuro della Terra: la nostra casa. Purtroppo capita molto spesso che chi vive in condominio debba invece affrontare anche qui frustranti problemi a cui sembra non esserci soluzione.

Soldi in cassa che mancano, utenze staccate, ditte esterne che lavorano poco e male, lasciando magari il condominio sporco, e molto altro.

Avendo lavorato a stretto contatto con centinaia di amministratori facendo loro formazione e consulenza per migliorare il loro modo di lavorare, ho avuto occasione di vedere dall'interno moltissimi studi di amministrazione condominiale.

Ho capito che hanno tutti una cosa in comune: per come è pensato il lavoro dell'amministratore di condominio, nessuno può garantire al 100% un'efficienza totale sotto ogni aspetto.

Ho conosciuto amministratori che lavorano in proprio, al massimo supportati da una segretaria, che si fanno davvero in quattro per ogni condominio che amministrano. Purtroppo non possono gestire tempestivamente ogni problema dei loro condomìni, cosa che, delle volte, può avere conseguenze gravi.

Ho conosciuto poi invece un altro tipo di amministratore, quello estremamente organizzato. Ha un'importante struttura alle spalle, una squadra di fedeli collaboratori che lavorano per lui. Usa tutte le sue energie per coordinare il team di cui dispone. Dirige il suo studio come un direttore d'orchestra. Pronto intervento 24 ore su 24, contabilità chiara e trasparente.

Ma abbiamo visto che anche questa non è la soluzione definitiva. Anche qui, infatti, la coperta è troppo corta. Sebbene in questo caso il condominio sia molto più tutelato, questo tipo di amministratore finisce per trascurare quasi totalmente il rapporto con i condòmini.

È così indaffarato a mandare avanti la sua azienda che non ha tempo di passare nei condomìni che amministra per ottimizzarli, studiare nuove soluzioni, migliorie, ascoltare i problemi con le sue orecchie al fine di risolverli e migliorare la vita del condominio. È un amministratore efficiente, ma poco presente.

Sembrava quindi non esserci una soluzione a questo dilemma. Insieme ai miei soci abbiamo allora passato mesi a studiare la questione. Volevo con tutte le mie forze trovare una soluzione definitiva. Mesi, mesi e ancora mesi di energie, soldi, studi e test spesi per analizzare nuove idee per vecchi problemi.

Dopo tutto questo tempo, siamo riusciti a creare quello che volevamo: qualcosa di unico che fosse infallibile sotto tutti i punti di vista. Una soluzione che prendesse solo il lato positivo di ogni amministratore che ti ho appena descritto.

La soluzione che io stesso avrei sempre voluto avere nel condominio dove vivo e che sono certo farà al caso di moltissime altre persone come me e te che stai leggendo.

Condes® è il nome di questo progetto a cui per mesi abbiamo lavorato io, i miei soci e un nutrito team di professionisti di altissimo livello. Attraverso **Condes**® siamo in grado di gestire qualunque condominio assicurando la presenza costante di un Manager Condominiale che curerà tutti gli interessi del condominio.

Il Manager Condominiale, infatti, si adopera per studiare soluzioni innovative da portare nel condominio al fine di migliorare la vita di tutti i condòmini e aumentare il valore stesso degli immobili. È il tuo punto di riferimento a cui segnalare problemi ed esigenze che solo un amministratore altamente focalizzato sul tuo condominio può prendere in carico con successo.

Al fine di mettere il Manager Condominiale nelle condizioni di lavorare concentrato e focalizzato sui condomìni, gli abbiamo tolto tutta la parte contabile e amministrativa. Una fetta di lavoro davvero importante che, generalmente, assorbe enormi energie all'amministratore.

La contabilità del condominio, quindi, viene gestita interamente da un Centro Elaborazione Dati unico, e questo ti darà una doppia garanzia: chi gestisce i numeri è ultra-specializzato in questo e pertanto la possibilità di errori si riduce quasi allo zero.

Attraverso a un sistema a tripla firma per autorizzare i pagamenti, è matematicamente impossibile che manchino soldi dal conto del condominio. Ovviamente la contabilità sarà trasparente agli occhi di ogni condomino e assolutamente blindata da ogni genere di azione non autorizzata.

Inoltre, tutti i Manager Condominiali d'Italia di Condes® si confrontano quotidianamente tra loro e con il direttivo di Condes®, al fine di trovare le migliori soluzioni a qualunque tipo di problema che il tuo condominio possa avere.

Sarà come far gestire il condominio contemporaneamente ai migliori amministratori d'Italia, anziché averne uno solo. La formazione interna continua, infatti, è uno dei nostri pilastri fondamentali. Sottoponiamo tutto il nostro team a ripetuti corsi di formazione per aggiornarlo costantemente allo scopo di offrire sempre le migliori soluzioni possibili.

Ricapitolando, quindi:

- Presenza costante di un Manager Condominiale nel tuo condominio.

- Contabilità e amministratore gestiti centralmente da un CED, quindi totale garanzia di sicurezza e trasparenza.

- Il tuo Manager Condominiale sarà sottoposto a continua formazione e consulenza. Ti affideremo al più preparato amministratore con cui ti sia mai confrontato, sotto tutti i punti di vista, non solo quello giuridico.

- Soluzioni già pronte da applicare al tuo condominio come benefici fiscali che ti fanno risparmiare parecchi soldi.

Ad esempio, l'aspetto dei benefici fiscali viene sempre trascurato ma ha un'importanza fondamentale per il tuo condominio. Pensa che, in Italia, oltre la metà delle persone come te vive in condominio, paga le quote condominiali, ma non ha ben chiaro come vengono gestiti e dove vanno a finire i propri soldi.

E intanto più di due milioni di edifici in Italia si trovano in uno stato di mediocre o pessima conservazione. Eppure ci sarebbe anche la soluzione per migliorare il proprio condominio pagando molto meno. Esatto, la soluzione c'è ed è davanti agli occhi di tutti.

Da diversi anni lo Stato dà la possibilità ai condòmini come te e al condominio in cui vivi di beneficiare di numerose detrazioni fiscali e diversi bonus per fare i lavori in condominio e migliorare lo stabile a basso costo o, addirittura, gratis.

In Italia c'è un milione di condomìni eppure, nell'ultimo anno, sono stati fatti solo 477 interventi sugli edifici. Perché in così pochi condomìni vengono fatti i lavori sfruttando al 100% tutte le agevolazioni e tutti i bonus che lo Stato mette a tua disposizione?

Perché, come spesso succede in Italia, queste agevolazioni e bonus sono difficili da capire, sono complessi e seguono percorsi burocratici molto intricati e, per capirli e poi applicarli nel tuo condominio, le risorse di un solo amministratore di condominio non bastano.

Sono centinaia di pagine da studiare e adattare alla situazione di ogni singolo condominio. Anche se il tuo amministratore è un eccellente professionista che ha a cuore il tuo condominio, purtroppo, per quanto bravo sia, non ce la fa a stare appresso a tutte le novità che escono ogni anno e a sfruttarle pienamente in tutti i condomìni che gestisce.

È umanamente impossibile fare tutto da soli. Ma intanto il tempo passa, i termini per le agevolazioni scadono e tu perdi queste opportunità.

Cosa puoi fare quindi? Sembra davvero che non esista una soluzione. E ti capisco. Sono un condomino anche io ed ero nella tua stessa situazione, ma mi sono stancato di perdere di anno in anno tutte queste opportunità.

La soluzione non era cambiare l'amministratore di condominio. In uno dei condomìni in cui ho vissuto, il mio amministratore, ad esempio, era bravo, ma da solo non era sufficiente. La burocrazia è troppo complicata per una sola persona.

Un amministratore di condominio *da solo*, indipendentemente da quanto sia bravo e professionalmente preparato, non può studiare e seguire tutte le novità che escono e allo stesso tempo inserirle nel tuo condominio e in tutti gli altri condomìni che gestisce, ci vorrebbe un gruppo di amministratori di condominio e professionisti specializzati.

Allo stesso tempo, però, è impensabile per un condominio pagare un gruppo di professionisti, già il costo di un solo amministratore a volte pesa sul bilancio familiare.

La soluzione quindi era logica: mettere insieme una squadra di amministratori di condominio e professionisti in grado di offrirti il loro servizio al costo di un singolo amministratore di condominio. Una bella sfida.

È così che, come ho detto, ho fondato Condes®, la prima rctc nazionale di amministratori di condominio specializzati anche nel portare agevolazioni fiscali e bonus nei condomìni. Avremmo potuto dirti semplicemente: «Vieni da noi perché abbiamo selezionato gli amministratori di condominio migliori». E invece no, abbiamo fatto di più.

Abbiamo reinventato la gestione condominiale in Italia e abbiamo creato un servizio che non esisteva per portare agevolazioni e benessere nel tuo condominio.

In Condes® adottiamo il protocollo "Trasparenza Condominiale" in modo che tu possa sapere sempre come vengono gestiti i tuoi soldi. La contabilità, infatti, come detto, viene gestita dal nostro Centro Elaborazione Dati centralizzato specializzato, mentre l'operatività sul campo viene affidata a un Manager Condominiale.

In Condes®, inoltre, un gruppo di eccellenze tra amministratori di condominio e altri professionisti, ognuno con la propria specializzazione, studia la pianificazione per portarti agevolazioni.

E, una volta fatta la pianificazione, l'esecuzione viene seguita passo passo per assicurarti di beneficiare di tutte le agevolazioni e i bonus che lo Stato mette a tua disposizione, per aumentare il valore della tua casa.

Poi si sa, durante i lavori ci possono essere molti imprevisti e, purtroppo, un amministratore che segue decine o centinaia di condomìni da solo non può gestire sia il proprio studio sia decine di cantieri. Ecco perché sarai seguito da un Manager Condominiale di riferimento dedicato al tuo condominio che, a sua volta, sarà supportato da un gruppo di altri professionisti e consulenti.

È quindi un piacere per me farti conoscere finalmente un Manager Condominiale che prenda in mano il tuo condominio.

Vai sul sito **www.condes.it** e lascia i tuoi dati per essere contattato da un consulente che, insieme a te, cercherà di capire se e come possiamo esserti di aiuto.

Nel frattempo, entra nel gruppo Facebook **Benessere Condominiale** dove potrai confrontarti con altri condòmini, amministratori di condominio e professionisti vari su tutti gli aspetti della vita condominiale.

www.ingramcontent.com/pod-product-compliance
Lightning Source LLC
Chambersburg PA
CBHW051427150726
48000CB00005B/1988